50 palos

Actualidad

Biografía

Pau Donés nació y pasó la mayor parte de su vida en Barcelona. A los diez años le regalaron su primera guitarra y a los dieciséis montó su primera banda. Se licenció en Economía y, hasta lograr su sueño, vivir de la música, se dedicó a hacer de todo: botones, camarero, promotor, modelo e incluso ejecutivo en una agencia de publicidad. Hasta que hace poco más de veinte años, en 1996, publicó su primer sencillo, *La Flaca*. El resto es historia.

www.jarabedepalo.com

@jarabedepaloOFICIAL

@jarabeoficial

JarabedepaloTV

@jarabeoficial

Pau Donés

50 palos

... y sigo soñando

Planeta

El papel utilizado para la impresión de este libro está calificado como **papel ecológico** y procede de bosques gestionados de manera **sostenible**.

Avinguda Diagonal, 662, 6.ª planta. 08034 Barcelona (España)
www.planetadelibros.com

Diseño de la maqueta: J. Mauricio Restrepo
Fotografías del interior: © Tronco Records, S. L., y © Daniele Venturelli
Adaptación de la cubierta: Booket / Área Editorial Grupo Planeta
Imagen de la cubierta: © Tronco Records, S. L.
Primera edición en Colección Booket: septiembre de 2018
Segunda impresión: junio de 2020
Tercera impresión: junio de 2020
Cuarta impresión: julio de 2020
Quinta impresión: agosto de 2020
Sexta impresión: agosto de 2020
Séptima impresión: octubre de 2020
Octava impresión: noviembre de 2020
Novena impresión: enero de 2021
Décima impresión: febrero de 2021

Depósito legal: B. 16.051-2018
ISBN: 978-84-08-19376-0
Impresión y encuadernación: Liberdúplex, S. L.
Printed in Spain - Impreso en España

A mi madre, Núria, que en el cielo vive,
y a mi padre, Amado, por haberme dado la vida.

ÍNDICE

PRÓLOGO

A lo largo de miles de años la música ha guiado la evolución de diferentes regiones del cerebro humano, como si la señal y el receptor se hubiesen diseñado con un mismo fin y cumpliesen una misión necesaria para la evolución de nuestra especie. Cuando los sonidos y los silencios se suceden con coherencia, el ritmo, la melodía y la armonía activan la corteza de los lóbulos temporales y pueden ser almacenados como recuerdos imborrables. Los lóbulos temporales están intensamente conectados con nuestras memorias, es como si almacenasen la banda sonora que acompaña la película de nuestra vida. Por este motivo, al escuchar una canción rápidamente nos entregamos a los recuerdos que asociamos con esta pieza: una noche de fiesta, la persona que nos acompañaba, la belleza de un paisaje, unas vacaciones. Además, el resto del cerebro también participa en la acción; potentes conexiones con el córtex motor y el cerebro emocional marcan nuestra conducta: llevamos el ritmo con el cuerpo, bailamos o saltamos cuando nos transmite energía, mientras que otras melodías nos llenan de melancolía y languidecemos tumbados en el sofá, incapaces de levantarnos, de mover un solo músculo.

Cada individuo, cada sistema nervioso, será activado por su música, aquella que tiene un significado, que forma parte de su biografía o que abre una nueva ruta en sus vivencias. Para activar nuestra corteza cerebral los músicos tienen que conectar con nuestra experiencia, aportando algo original pero que compartimos colectivamente. Los autores como Pau Donés saben encontrar, porque han nacido para explorar. Lo quieran o no, su cerebro está diseñado para buscar, no seguir el camino trazado, apartarse de las convenciones y pensar desde fuera del espacio común. Personajes como Charles Chaplin, por ejemplo, pueden haber sido etiquetados de lunáticos, pero la realidad es que tenían un talento original en un cerebro especial.

La naturaleza otorga el carácter de explorador a algunas personas porque son imprescindibles para que nuestra especie avance, alcanzando nuevos logros que otros individuos consolidarán. Canciones como *La Flaca*, que surgen de una aparente locura, nos acompañarán el resto de nuestra vida, lo mismo que las películas de Charlot. El carácter de los exploradores está marcado por una sensibilidad diferente en el centro de recompensa, en la corteza prefrontal, justo a la altura de las sienes de nuestra cabeza. Allí actúa la dopamina, uno de los neurotransmisores necesarios para que disfrutemos de la vida. Por una serie de vicisitudes genéticas y otras que desconocemos, las personas con carácter explorador necesitan fuertes cantidades de dopamina y para recibirla tienen que embarcarse en actividades intensas, diferentes, dinámicas o polémicas; en definitiva, las experiencias habituales no son suficientes para ellos.

Pau dejó la economía y se entregó a la música, probablemente porque así conseguía que sus niveles de dopamina alcanzaran sus necesidades y se activara su circuito del placer. En estos capítulos nos muestra cómo su carácter explorador le ha llevado a meterse en líos y vivir experiencias apasionantes. Podemos imaginar cómo su encéfalo inconformista le ha dirigido hacia lo desconocido y a veces hacia el peligro, pero, eso sí, siempre mostrando que está constituido por neuronas y circuitos, y no de espermatozoides como en algún momento él mismo ha temido.

ANTONIO GIL-NAGEL REIN
Neurólogo

«A la vida no hay que ponerle huevos,
hay que ponerle ganas...»
Pau Donés

CON PERMISO DE MIS 50: INTRODUCCIÓN

Mira que no quería caer en los tópicos en los que indefectiblemente acabamos cayendo los músicos (dejarse el pelo largo, componer una canción a tu hija, pintar un cuadro, escribir un libro...). Además, ¿cómo puede un disléxico atreverse a escribir un libro?

Tampoco sabría decir por qué lo estoy haciendo. ¿Será la crisis de los 50? No la tengo. ¿La menopausia? Que yo sepa, tampoco. ¿El cáncer que acabo de pasar? ¿O simplemente que ahora tengo el tiempo y las ganas de hacerlo?

Faltas de ortografía aparte, y superado el trauma que supone ser un músico con todos los tópicos, me he decidido a escribir este pequeño ensayo sin ánimo de destacar, simplemente porque cumplo 50 años y porque la diferencia que existe entre el verso y la prosa es que esta última es menos exigente a la hora de sintetizar.

Como iréis comprobando, este libro es una recopilación de pensamientos caóticamente ordenados, por lo que no es necesario que sigan un orden de lectura. Id a los episodios que más os interesen sin ningún pudor, porque, aunque todos salen de la misma cabeza, lo han hecho de forma anárquica y desordenada. He de comentaros que todo lo que aparece en esta obra es exactamente tal y como lo pienso, digo y escribo. Aquí no hay intermediarios, por lo que también aclaro que en ningún momento pretendo aleccionar a nadie con mis doctrinas, y mucho menos ofender. El proselitismo no es mi fuerte, como tampoco lo es la falta de respeto.

Ahora bien, pelos en la lengua tengo pocos, y de igual manera os digo que nunca escribo con el «encefalograma plano». Es decir, siempre lo hago desde la euforia o la melancolía, por lo que a la hora de leerme conviene tener en cuenta que estos «palos» fueron escritos en contextos emocionalmente alterados, así que, si en algún momento encontráis alguna declaración fuerte o fuera de tono no os preocupéis, seguramente la escribí en un momento de notable estado de excitación (que no *exitación*).

Así que, con vuestro permiso y con el ánimo de entreteneros, me dispongo a compartir una serie de vivencias, ideas y pensamientos que posiblemente ya os habré adelantado antes en forma de canción, pero que ahora, con 50 palos, me apetece comentaros de forma más extensa.

Señoras y señores, en el culo tengo flores.
Disfruten de la lectura.

1.
LA VIDA DE PAU DONÉS EN POCAS PALABRAS

Muy lejos de pretender escribir una biografía, pues las biografías suelen oler a muerto y yo todavía no, os hago un breve repaso de cómo he pasado por la vida desde que el 11 de octubre de 1966, en la clínica El Pilar de Barcelona, me asomara al mundo por primera vez (que yo sepa) hasta este momento.

LA NIÑEZ

Como apuntaba, nací en Barcelona un 11 de octubre de 1966. Ese día no sucedieron grandes acontecimientos en el planeta, aunque cabe destacar que en la Ciudad Condal comenzaba el V Congreso Mundial sobre la Protección de Animales al tiempo que en Salamanca se inauguraba un monumento al toro de lidia. Qué contradicción, ¿no? ¡Increíble pero cierto!:

protejamos a los animales y a la vez matémoslos sádicamente, aunque en la España de los años sesenta no era tan increíble y, bien pensado, tampoco lo seguiría siendo ahora.

En fin, antes de nada, quiero dar las gracias a mis padres, Amado y Núria, por haberme dado la oportunidad de vivir, y también por todo el amor que recibí a pesar de haber sido un trasto de mucho cuidado.

No tengo un claro recuerdo, pero la salida del vientre de madre por el conducto vaginal debió de ser, seguro, muy dolorosa para ella (siempre he sido muy cabezón), y bastante traumática para mí (por cómo contaba ella que me movía dentro de su barriga, se ve que pocas ganas tendría de salir). Por aquel entonces corría la teoría de que el dolor y el sufrimiento en el parto fortalecían el vínculo madre/hijo y de que así los niños salían más fuertes y preparados para la vida. ¡Increíble pero cierto (parte 2)!

Lo que sí se sabe es que tardé un buen rato en soltar el primer llanto y que, cuando lo hice, una cosa quedó clara: el primogénito de la familia Donés Cirera venía con una clara vocación, la de músico, lo cual confirmaría el devenir de mi vida.

En mis primeros años, a pesar de apuntar maneras, mis padres enseguida se dieron cuenta de que no era normal: no sabía leer y me pasaba el día dando saltos o colgado bocabajo de la lámpara del comedor.

En ese momento alguien decidió que el niño era tonto y muy movido (hoy en día me diagnosticarían como disléxico e hiperactivo), lo que trajo muchos dolores de cabeza a mi madre, que sin embargo pronto, y de forma casual, encontró la fórmula para calmarme: la música. Recuerdo perfectamente el tocadiscos de maleta marca Philips, con el que pasaba tardes enteras escuchando discos: de canciones y cuentos infantiles, de música latina, de Elvis, de *jazz*, de chistes de Gila… Sí, he dicho Gila. A madre le encantaban y yo los escuchaba atentamente, aunque sin entender muy bien los chistes e historias que tanto me hicieron reír años después y que aún guardo como oro en paño.

Dislexia e hiperactividad, vaya cuadro.

Después de mí vinieron dos churumbeles más y finalmente una niña, la princesa del castillo. Madre, viendo el zoológico que tenía en casa, compró una colchoneta de kárate y en ella aprendimos unos cuantos trucos de los que Bruce Lee hacía en sus películas, solo que de forma autodidacta. Yo le daba cera a mi hermano Marc, y Marc a Bernat, y así dale que te pego hasta que uno salía llorando o sangrando. Entonces madre sacaba la zapatilla y ahí empezaban las clases de artes marciales de verdad. Cuando crecimos tiró por fin la colchoneta y compró otro tocadiscos.

Buena decisión. En casa la hiperactividad se trataba a base de música, pero ahora a los hiperactivos les dan anfetaminas. ¡Socorro!

En cuanto al colegio, pasé por siete escuelas y otros tantos psicólogos, y aunque sacaba buenas notas me aburría mucho en clase. Nunca entendí qué cojones hacíamos sentados siete horas diarias en una silla, con lo bien que se estaba en el patio jugando al baloncesto, y sigo sin entenderlo ahora.

En general tengo muy buenos recuerdos de la niñez. Aunque era un chaval bastante conflictivo en esa época fui razonablemente feliz. Crecí en una familia estupenda y tuve buenos amigos, algunos de los cuales todavía conservo. Hice muchas gamberradas y tuve la gran suerte de poder satisfacer la mayoría de las veces la tremenda curiosidad que sentía por las cosas que me rodeaban gracias a que nuestros padres nos dieron bastante libertad de movimiento, lo cual creo que fue fundamental para el desarrollo de la parte más creativa de mi cerebro.

LA ADOLESCENCIA

En mi caso no duró mucho. En plena crisis de identidad (típica en esa edad) madre murió. Se suicidó justo una semana después de que yo cumpliera dieciséis años.

Cuando llegas a los dieciséis te sientes mayor, sabio, independiente, te conviertes en el dueño del mundo. Te puedes sacar el permiso de conducir motocicletas, salir de noche hasta tarde, beber cerveza, entrar en las discotecas... A los dieciséis eres el tío más chulo y molón del mundo, pero también el más mamón, no hay quien te haga sombra, y mucho menos tus padres. A los dieciséis lo que básicamente eres es un gilipollas.

A la semana de mi decimosexto cumpleaños yo pasé de sentirme mayor a serlo. En un segundo pasé de ser un idiota adolescente a un adulto menor de edad.

La muerte de una madre... ¡Menudo palo! La lección fue severa pero definitiva: el sentido de la vida cobró la importancia que en realidad tenía y que yo, hasta el momento, no le había sabido dar. Sufrí un dolor insoportable, un miedo atroz e infinito. ¿Cómo se podía vivir sin madre? ¡Joder, qué puta mierda! Pero a la vez aprendí que la vida era lo mejor que tenía, y que no la iba a dejar pasar. Nunca nadie me ha dado una lección tan poderosa, y si soy lo que soy es gracias a la fortaleza que madre me transmitió de forma tan dura y fulminante. ¡Gracias, mami!

También fue en esta etapa cuando hice un par de descubrimientos importantes. El primero, la música moderna: pasé de escuchar discos de villancicos a vinilos de Bob Marley, los Beatles, Lou Reed, David Bowie, los Rolling Stones... ¡Qué emoción! Escuchaba música a todas horas e imitaba a esos artistas alucinantes bailando en mi habitación con una vieja escoba tuneada a modo de guitarra. Me puse un pendiente en la oreja izquierda, empecé a peinarme con estilo y me compré una chupa tejana que no me sacaba ni para dormir. Era increíble e incontrolable.

Antes de morir, madre me compró una guitarra eléctrica y ahí descubrí mi verdadera vocación. La música fue mi aliada, mi compañera en el duelo y mi compañera de viaje, y sin duda me ayudó a continuar. Más que una válvula de escape fue como la fuente de energía que me empujaba hacia delante y aliviaba esa profunda y enorme pena que sentía. En la vida yo iba a ser músico. Lo supe entonces y a por ello fui.

Durante esta época formé mi primer grupo musical, llamado Jay & Company Band, junto a mi hermano Marc, y unos años después montamos otra banda a la que bautizamos como Dentaduras Postizas.

Mi segundo descubrimiento, el sexo: perdí la virginidad a los diecisiete años con una mujer estupenda en el más excelso de los sentidos. Descubrí el sexo gracias al amor (aunque con el tiempo acabara sucumbiendo al hechizo de hacerlo por puro placer). De hecho, ella fue el primer gran amor de mi vida. Vivir ese momento ha sido una de las cosas más bonitas que me han sucedido. La primera vez fue un desastre completo (obviaré los detalles) pero maravilloso: un coche (un viejo Seat Ronda 1.6 de mi padre), unas estupendas vistas al Mediterráneo, una primavera deliciosa, Bob Marley de fondo y a mi lado la reina de mis sueños. ¿Qué más se puede pedir? La sigo queriendo mucho y después de más de treinta años continuamos compartiendo una muy buena relación.

En la vida he tenido mucha suerte con las mujeres que me han acompañado; en la familia, en el trabajo, en el amor... Aparte de sentirme tremendamente querido, de ellas he aprendido casi todo. Me hicieron hombre y, sobre todo, persona.

Pero de este asunto hablaremos más adelante...

DE LOS 20 A LOS 30

De esta etapa no destacaría nada en particular, sino en general las ganas de destacar. Si en la adolescencia te crees sabio, a partir de los veinte te crees Dios: empiezas a trabajar, te vas de casa, te compras la primera moto (en mi caso una Vespa T3 75 con motor trucado Autisa), comienzas a tener algún pase VIP de discoteca y te crees que las chicas (que ya son mujeres) te hacen caso por lo guaperas y chuleta que eres. ¡Qué paciencia!, pero también qué divertido.

Lo tonto que era a los veinte, pero qué bien me lo pasé. El mundo se me abrió de par en par y yo lo aproveché, ya te digo si lo aproveché, a veces pienso que incluso demasiado. Empecé a tomarme lo de la música en serio, y salía por las noches de miércoles a domingo. Con el rollito de la música ligaba bastante y, al tiempo que estudiaba, hacía anuncios de publicidad (tenía pinta de simpático), con lo que trabajando poco me ganaba una buena *lana*. Para qué contar más: veinte años, *lana* en el bolsillo, moto, pandilla de amigos golfos, grupo de música y chicas. ¡Un puto dios!

A falta de madre me tocó a mí hacer en parte su papel. Lo hice fatal. Fui una madre/hermano mayor pésimo, aunque le puse buena intención. Tuve la suerte de tener unos hermanos mucho más listos e inteligentes que yo, que supieron capear el temporal con gran destreza y valentía y que se las apañaron muy bien para tirar *pa'lante*, aun teniendo un coñazo de hermano mayor dándoles la brasa a todas horas.

A pesar de mi dislexia me gradué en la universidad previa presentación de un certificado médico que daba fe de mi «enfermedad» (me suspendían por las faltas de ortografía, ¡en serio!). «Pau Donés Cirera, Licenciado en Ciencias Económicas y Empresariales por la Universidad de Barcelona.»

Me licencié, aunque, mientras estudiaba, la pregunta terminó por surgir: ¿qué cojones hacía un músico estudiando para ser empresario, contable o auditor de cuentas? Me lo pregunté una vez y no más: estudié, me saqué la licenciatura, hice feliz al jefe (mi padre) y al terminar quemé todos los libros, me hice feliz a mí, y todos contentos. No digo que todo ese conocimiento no me haya servido. De hecho, en un negocio tan agresivo como el de la música me vino muy bien tener una cierta formación empresarial, tanto a nivel de bolsillo como de imagen: nunca permití que nos vendieran por algo que no éramos y, señores, «la pela es la pela».

Tras terminar la carrera, y pese al empeño de mi padre por disuadirme de mi vocación musical, emprendí la aventura y, por cabezón, algo de talento y mucha vocación, aquí estoy. Pocas cosas tengo claras, pero hay una que sí: lo mío, desde el principio, ha sido y es la música.

Por no olvidar el asunto del amor os comentaré que en esta etapa ya empecé a apuntar maneras: las maneras de un novio desastre. Era un novio pésimo, un bandarra, un «chico malo», uno de esos que tanto gustan a las chicas pero solo un rato. Como amante, pues según el día (creo que me puse el condón más veces al revés que correctamente), pero aunque en general fui una malísima pareja sí me porté como un buen compañero y amigo. Prueba de ello es que conservo buena relación con casi todas mis «ex».

DE LOS 30 A LOS 40

En el devenir de mi vida, y en plena eclosión de la estupidez propia de un treintañero que se cree adulto, pero que no tiene ni puta idea de lo que va la vida, me ocurrieron dos grandes hechos. Grandes no, grandísimos: me convertí en músico y fui padre por primera vez.

Ser músico. El sueño se hizo realidad: por fin alguien quería grabarme un disco. Iba a dedicarme a lo que más me gustaba en el mundo.

No albergaba grandes expectativas, el solo hecho de saberme músico era más que suficiente. Era lo mejor que me había pasado hasta aquel momento. La música, por fin, iba a cambiar mi vida. ¿Cómo? Ni puta idea, me daba igual. A partir de entonces, cuando alguien me preguntara lo que hacía, le diría lo que ponía en mi DNI: «músico», lo cual me hacía sentir muy orgulloso. Estaba feliz, y con el tiempo la realidad superó con creces la ficción, pero os aseguro que mi ambición quedaba totalmente saciada con la grabación de ese primer disco.

En 1996 nace *La Flaca* y, con *La Flaca*, Jarabe de Palo. ¡Yujuuuuuu!

Ser padre. Lo mejor que me ha pasado en la vida. ¡Y estuve a punto de perdérmelo! ¿Por qué? Porque yo no quería ser padre: ¿traer a alguien a este mundo de mierda? ¿Cómo iba a cuidar de mi hija si estaba siempre viajando? ¿Tan joven y ya con hijos? ¡Qué responsabilidad!

Lo que os decía, era un idiota de treinta años haciéndose preguntas idiotas, preguntas que tenían una facilísima respuesta: sí a todo.

¿Os he hablado alguna vez de mi amigo el Ilustre Quimi Portet (componente del grupo musical El Último de la Fila)? Digo «ilustre» porque este adjetivo es lo más alto en la escala de la sabiduría, mucho más que un maestro o un doctor. Pues estando con el Ilustre Portet en un restaurante digno merecedor de los más altos galardones (Cal Gran, en Lladó, Girona), compartiendo unas suculentas gambas de Palamós, le comenté que no tenía nada claro lo de ser padre. Entonces él, casi sin inmutarse, me aleccionó con una de sus magistrales teorías, la del *Homo useless*:

—Mira, Pau, hay algo que los hombres deberíamos aceptar desde el primer momento, y es que, aparte de para la perpetuación de la especie (hasta donde yo sé, el óvulo necesita de un espermatozoide para crear vida), los hombres no servimos para nada. Somos *useless*, es decir, inútiles. El mundo es mundo gracias a las mujeres, a su fuerza, a su coraje, a su valentía y a su inteligencia, mientras el hombre se pasa el día inventando chorradas que no sirven para nada con el fin de hacerse valer. Así que déjate de hostias, porque al fin vas a cumplir con tu cometido, que no es otro (porque así lo ha dictado la madre naturaleza) que ayudar a la gestación de un nuevo ser humano.

¡Excelso, sublime como siempre! Lo que yo no sabía es que ese hecho me iba a hacer el hombre más feliz del universo, porque mi hija Sara cambió mi vida. Y tanto que la cambió, pero para bien: esa renacuaja me giró la cabeza. Descubrí un amor que nunca antes había conocido, me volví cariñoso, amoroso, incluso pegajoso, nunca antes le había dicho tantas veces a alguien lo mucho que la quería: *Sara guapa, Guapa Sara*... Gracias a ella ahora soy más grande, más fuerte, más persona y mucho más feliz.

En la introducción de este libro ya os he comentado que como músico cumplo todos los tópicos. Aquí va otro: escribirle una canción a tu hija, a lo cual me había resistido durante muchos años. Os la dejo porque creo que es un buen reflejo de lo que con su presencia me ha hecho sentir, como seguro que a muchos de vosotros vuestros respectivos hijos.

Niña Sara

Sara vino al mundo como tú y como yo,
un pan bajo el brazo y no preguntó,
llegó y sin permiso me robó el corazón.
Sara lloraba, yo no la entendía,
pero su sonrisa me daba la vida.
Sara lloraba y a mí me llenaba de amor.

Bienvenida niña,
niña guapa, Sara.
Te di la vida
y ahora tú
me la das a mí.

Le imaginé un mundo diferente,
algo distinto, algo más decente,
un lugar mejor al que yo le podía ofrecer.
Un mundo más limpio, humano y transparente,
un sitio agradable, feliz e inteligente,
algo mejor al mundo que ella iba a tener.

Cada mañana cuando me levanto
me digo a mí mismo que tengo que hacer algo
para darle a Sara una vida en un mundo mejor.
Cada mañana me hago una promesa:
ser mejor persona, respetar esta Tierra,
para que los niños vivan en un mundo mejor.

Bienvenida niña,
niña guapa, Sara.
Te di la vida
y ahora tú
me la das a mí.

DE LOS 40 A LOS 50

La mejor de las etapas, sin duda los mejores años de mi vida. Si de los 20 a los 30 lo pasé de lujo, mucho mejor de los 40 a los 50.

En el pasado vivía la vida a toda velocidad, casi siempre en modo futuro, porque iba tan deprisa que era consciente de mi presente un tiempo después de que hubiera sucedido. Me daba la sensación de que llegaba tarde a todo en el sentido de que, cuando quería darme cuenta de lo que me había pasado, ya estaba en otra cosa. Y así sucesivamente. Es como si viviera el presente desde el futuro. ¡Qué rabia me daba!

Como escuché de alguien una vez: «El presente es el tiempo que perdemos pensando en el futuro». Pues más o menos así era yo, un cohete de reacción al que nunca se le acababa el combustible.

—¿Pero adónde vas, cohete?

—Y yo qué sé, *pa'lante*, pero a todo gas.

—¿Y por qué vas tan deprisa?

—Por si acaso se acaba el mundo, a tope que voy.

~~||||~~ Como peces en el agua

Iba tan deprisa que no te vi pasar,
tan deprisa que no veía nada,
tan deprisa que me perdí el paisaje
y la belleza que me rodeaba.

Iba tan deprisa que no me di ni cuenta,
tan deprisa que la vida se escapaba,
tan deprisa que el presente era pasado
a cada paso que daba.

Quería parar a disfrutar de los olores,
del suave vaivén del juego de los amantes,
quería parar y recrearme en la locura
cuando dos cuerpos se juntan.

Quería parar a disfrutar de los momentos,
del suave vaivén de los peces en el agua,

quería parar, pero iba tan deprisa
que se me escapó la vida.

Iba tan deprisa
que no caí en la cuenta
que corría y corría
y que no tenía prisa.

Iba tan deprisa
que no caí en la cuenta
que corría y corría
sin saber a dónde iba.

A PARTIR DE LOS 40 el asunto cambia radicalmente. Empiezo a vivir la vida con gran intensidad, pero desde el presente, siendo muy consciente de cada momento, disfrutando del tiempo como nunca antes. No digo que apretara el freno, pero dejé de mirar al cuentakilómetros para comenzar a deleitarme con el paisaje que me acompañaba en este delicioso viaje que es la vida.

En lo personal he vivido momentos estupendos. Incluso he tenido instantes de gran felicidad (cosa que no es fácil, ¿eh?). Y en lo profesional, pues le he vuelto a coger el gusto a esto de ser músico. No es que lo hubiera perdido, pero después de veinte años en la carretera, para qué nos vamos a engañar, las ganas no siempre son las mismas. Y fíjate tú, casi a los cincuenta volví a retomar el pulso. ¡Volvemos a la carretera! Empezamos de nuevo, pero esta vez en Estados Unidos, en donde inventaron esto del *rock'n' roll.* Compramos un *backline* (instrumentos musicales), alquilamos una furgoneta y a tirar millas: 36 conciertos en 45 días. Visitamos ciudades míticas y salas de conciertos supermíticas donde habían tocado bandas más míticas aún, y ahora también nosotros. Recorrimos un país alucinante como lo hacían antes los grandes. Subidón total.

Y entonces... En las postrimerías de la década, a apenas dos meses de cumplir los 49, me diagnostican un cáncer. Un cáncer tan potente como la vida que he llevado, en mi caso no podía ser de otra manera, ¡todo a lo grande, a lo bestia! Un cáncer que seguramente me acompañará toda la vida.

Pero no me quejo, al contrario. Aun a sabiendas de que el «cangrejo» puede matarme en cualquier momento, también me ha dado una perspectiva única que me hace mucho más consciente de la vida que llevo y del tiempo que tengo. Y eso para mí es muy importante. Por contradictorio que parezca, el cáncer me ha dado momentos gloriosos, de una clarividencia brutal, de una emoción como nunca antes había sentido.

A raíz de lo del cáncer, René, el «Residente» del grupo musical portorriqueño Calle 13, me envió un mensaje que lo expone perfectamente:

> Querido Pau, eres afortunado. Ahora tienes el don de ver la vida desde un lugar desde donde solo algunos privilegiados la pueden ver.

Pues es verdad, René.

De los 50 en adelante... Ojalá fueran cincuenta más, pero con veinte me conformo. Hace precisamente dos décadas, con motivo de la edición de nuestro primer disco, *La Flaca* (1996), escribí un pequeño texto en el que hablaba de lo importante que era para mí vivir en el mundo de los sueños, un mundo paralelo que solía visitar con bastante asiduidad. Puede ser que en los últimos tiempos lo tuviera algo descuidado, pero felizmente me he vuelto a reencontrar con él.

Vivir soñando, eso es lo que voy a hacer en lo que venga por delante. Voy a dedicarme solo a cosas que considere que valen la pena, a cosas que me gusten. Paso de perder el tiempo, de malgastar la vida en gilipolleces. *Carpe diem power!* Pero además de verdad. Por eso, si un día me cruzo en el metro contigo y no te saludo, no pasa nada, es que ando ensimismado en mis pensamientos.

2. ABRAZOS CONTRA EL DOLOR AJENO

Una de las campañas publicitarias más brillantes que recuerdo fue una propuesta por la ONG Médicos sin Fronteras llamada «Pastillas contra el dolor ajeno». Creo que ganó un montón de premios, no me extraña. Se trataba de ir a la farmacia y comprar por 1 euro una cajita de pastillas de caramelo. Ese importe iba destinado íntegramente a comprar medicamentos para curar a personas que padeciesen graves enfermedades en el tercer mundo. Las pastillas que comprabas para ti servían para curar a los demás. ¡Estupendo!

Recuerdo un día en que andando por la calle veo que se me acerca una señora mayor. Me fijé en ella porque iba muy bien arreglada, con su pelo teñido de rubio, sus gafas de sol y sus labios pintados de rojo. Se paró delante de mí, muy cerca, me sonrió y sin mediar palabra me tiró del moflete, me dio un par de cachetes y por último me abrazó. Acto seguido se me acercó a la oreja y llorando me susurró que hacía cinco años que le habían diagnosticado un cáncer, pero que intentó que nadie lo supiera, lo escondió a sus hijos, a sus hermanos y a sus amigas. No quería entristecerles ni que se preocuparan por ella, y eso la había hecho sufrir mucho. Hasta que un día vio en los noticiarios de televisión cómo yo había hecho público mi caso y entonces se decidió a comunicarlo a los suyos, y desde ese día se sintió mucho mejor: al compartirlo con sus seres queridos se había quitado un enorme peso de encima.

Ella no lo sabía, pero con ese tirón de moflete y su abrazo de abuelita yeyé me estaba curando a mí. El suyo fue uno de los mejores abrazos contra el dolor ajeno que me han dado, porque puede parecer que muchas enfermedades las curan los medicamentos, pero la mejor medicina para combatirlas es el cariño. Una caricia, un beso, una mirada, un abrazo sostenido son los mejores y más implacables remedios contra el dolor, en este caso, de los demás.

Algo parecido me sucedió durante una de las sesiones de quimio que me dieron (doce en total, una cada quince días durante seis meses, siempre los miércoles). Solíamos ser cuatro en la sala del hospital, y ese día delante de mí había siempre un chaval joven, que no llegaría a los treinta. Era un tipo alto, corpulento, moreno de piel y con muchos tatuajes. Como yo, estaba escuchando música (además de enchufado a la máquina). Y en una de estas se quitó los auriculares y me dijo que había visto un vídeo mío en la nieve: yo estaba subiendo una montaña con la tabla de *snowboard* a la espalda y con el «walkman» enchufado (lo que conocemos como *walkman* es una bomba de infusión de un tamaño similar al de este aparato de música que durante cuarenta y ocho horas te va insuflando la medicación), así que pensó que, si yo podía, él también, por lo que al siguiente fin de semana cambió el sofá por el asiento del coche, cargó su tabla en el maletero y se fue a surfear con sus colegas. Al terminar su historia se levantó y me dijo: «¿Te puedo dar un abrazo?». ¡Joder, sí que puedes, claro que sí, y de los fuertes!

Abrazos contra el dolor ajeno los que me dio la abuelita. Abrazos contra el dolor ajeno los que me dio el chavalote *surfer.* Los que he recibido de tanta y tanta gente, sea en directo o teletransportados. Los abrazos contra el dolor ajeno son los que me han empujado, los que me han ayudado a tirar *pa'lante*, pero sobre todo los que han conseguido que los daños colaterales de todo este proceso hayan sido mucho más leves y llevaderos, porque me acuerdo muy poco de las diferentes operaciones, de los efectos secundarios de la quimioterapia y, en cambio, recuerdo mucho las muestras de apoyo que recibí de tantísima gente que, de una u otra forma, estuvo a mi lado durante todo este lío.

A todos, muchas gracias por vuestros abrazos, vuestro cariño e inolvidables muestras de afecto. No os podéis imaginar lo bien que me han ido.

3. CAGARLA TAMPOCO ESTÁ TAN MAL: EL FRACASO

¡Menudo fiasco de vida la mía! Mi vida es de esas que nunca presentarías a un concurso de biografías porque básicamente se ha escrito a base de cagadas. Sería otro fracaso que añadirle, porque seguro que quedaría la última y no vendería ni un ejemplar. Aunque, a decir verdad, hubiera sido un fiasco en la piel de otro, porque a mí, hasta el momento, me ha gustado mucho. Hasta la actualidad, más que una vida he tenido un *vidón*.

Qué queréis que os diga, me gusta fracasar. De hecho, soy especialista en fracasos. Fracaso escolar (muy típico de los disléxicos e hiperactivos), fracaso laboral (antes que de músico he trabajado en muchas cosas por dinero, lo cual, salvo en alguna ocasión, es para mí un auténtico fracaso), fracaso amoroso (ya tendremos tiempo de comentarlo en otro capítulo), etc. En la culata de mi revólver seguro que tengo muchas más muescas por fracasos que por éxitos, entendiendo que en el éxito, además, todo es muy relativo.

Pero en una sociedad tan competitiva como la nuestra, en donde éxito equivale a ser el mejor, ¿cómo va a tener éxito alguien como yo? Si es que no hago carreras ni con los caracoles. Nunca he sido el número uno en nada, no le encuentro la gracia, no me interesa. Si algún éxito tengo en la vida (entendido el éxito como algo que te hace feliz) ha sido por cosas que he hecho por mí mismo, porque en competencia siempre he sido de los últimos. Un *paquete*, vamos. Aunque se vive bien de *paquete*, porque los *paquetes* no perdemos el tiempo en demostrar que somos los mejores (ni lo somos ni lo queremos ser). No tenemos la presión de demostrar nada, de ser los primeros, de estar siempre en guardia por si acaso llega uno que nos pueda superar (que siempre lo hay). Yo soy de los *paquetes* que me conformo con lo que tengo, con lo que soy, y dedico mi tiempo y mi esfuerzo no a ganar, sino a enredar con cosas que me interesen, que me gusten, que hagan que me sienta bien. Y de vez en cuando resulta que hay alguna que gusta también a los demás, ¡eureka! Pero lo fundamental es que primero me guste a mí.

Imaginaos en el mundo de la música, ahí sí que lo mío es de un fracaso estrepitoso: no tenemos ningún tema en el Top 5 de ningún sitio, no sonamos en las radiofórmulas *chupilerendis*, no hemos salido nunca en la portada del *¡Hola!*, no hemos participado en *Operación Triunfo* ni en el programa de María Teresa Campos, no tenemos *jet* privado ni una mansión en Beverly Hills, tampoco estrella en el Paseo de la Fama, ni Lamborghinis ni megayates donde hacer megafiestas con superchurris. ¡Qué desastre! Queridos, ¡nos hubiéramos dedicado a otra cosa!

Rebuscando en el cajón también he encontrado una escueta lista de éxitos. Os parecerán pequeños, pero para mí son enormes. Por destacar algunos: que hago lo que me gusta, que es ser músico; que hay gente a la que le gusta lo que hago..., hacemos, ¡perdón!; que llevamos veinte años y seguimos estando ahí; y, muy importante, haciendo las cosas con gusto y a nuestra manera; que hemos grabado discos, tocado en mil escenarios, viajado por medio mundo, conocido a personas increíbles... Los músicos (a los de vocación, me refiero) somos muy afortunados, porque poder vivir en permanente contacto con lo que más nos gusta es un gran triunfo, y si además te da para pagar el alquiler, ¡éxito total!

Decía que me gustan los fracasos porque mi vida se ha forjado a base de ellos. De los errores siempre he aprendido algo, y lo que aprendes de las cagadas te queda para siempre.

Pero en un mundo *exitista* como el nuestro, en el que parece que lo más importante es por encima de todo el éxito, lo del fracaso no está nada bien visto, incluso puede llegar a producir tremenda frustración. Lo que pasa es que en la vida, para avanzar, para tirar *pa'lante*, hay que tomar decisiones, y el decidir implica que puedes acertar o cagarla. Ante eso hay dos opciones: aceptar la posibilidad de éxito y fracaso (para lo cual antes hay que tomar decisiones), o resignarse a no decidir y dejar que otros lo hagan por ti.

Si no decides estás muerto. Vivir la vida a merced de lo que otros decidan, mal asunto. Si escoges la alternativa de tomar tus propias decisiones, entonces entran en juego las probabilidades. Estudiar bien las opciones y asegurar las probabilidades de éxito es un camino; otro sería dejarse llevar por el instinto, por la intuición.

Yo pertenezco a este segundo grupo. Decido según lo que me late, lo cual reduce en gran medida las probabilidades de acertar, pero ya he dicho antes que no me importa mucho si la cago, porque la frustración que me pueda generar es infinitamente menor a la frustración que me produciría, en caso de no haber tomado una decisión, el pensar qué hubiera sucedido si hubiera hecho esto o lo otro.

Así que con vuestro permiso voy a seguir escribiendo, porque tengo la intuición de que escribir este libro me va a venir muy bien. Y si la cago, pues… no pasa nada. A otra cosa, mariposa.

𝍸 Hice mal algunas cosas

Hice mal algunas cosas,
bien que lo sé.
Si en otra vida fui perla,
fui la negra.

Seré bueno aunque no sepa,
me portaré bien,
aunque no tenga problemas
con mi forma de ser.

Dejo de cantar, de beber.
Dejo de joder con mis ideas.
Dejo de ser un calavera.
Dejo de vivir a mi manera.

Me busco un trabajo decente
de lunes a viernes.
Deshago por fin las maletas
para siempre.

No quiero ser el amante
de ninguna mujer.
Dejo de ser un problema,
un puto desastre.

Dejo de cantar, de beber.
Dejo de joder con mis ideas.
Dejo de ser un calavera.
Dejo de vivir a mi manera.

Voy a dejarlo para mañana,
el caso es que hoy no tengo ganas.
Lo dejo todo para mañana,
lo que no, que no quiero ser hoy.

Porque hice mal algunas cosas...
Porque hice mal algunas cosas...
Porque hice mal algunas cosas...
Porque hice mal algunas cosas...

Hice mal algunas cosas,
bien que lo sé.
Si en otra vida fui perla,
fui la negra.

4.
BÉSAME, PERO BÉSAME MUCHO

(Para leer esto os recomiendo como banda sonora una canción de los Sixpence None the Richer, *Kiss me.*)

Yo soy de los que besan. Fuerte, sonoro. Y así me gusta que me besen a mí. Nada de poner el moflete y ya está. Y si no, no beso. ¡Cuán importantes son los besos en la vida! ¡Cuán importante es besarse!

En mi casa siempre nos hemos besado mucho; para darnos los buenos días y las buenas noches, cuando ibas al colegio, cuando llegabas a la hora de comer... Ya de mayores los besos de buenos días le servían a mi padre para detectar cómo te había ido la noche anterior: «Ayer qué borrachera, ¿no? Y de las buenas, porque te huele el aliento a *whisky*... ¡y a tabaco!».

¿Qué mejor manera hay de demostrar cariño que besándose? Cariño, afecto, amor, respeto. Me gusta besar a mis amigos, raramente les doy la mano. Me gusta que sepan que los quiero mucho, y por eso los beso. Había alguno que al principio no entendía el gesto:

—¿Pero qué haces, mariquita?

—Pues si lo fuera, pedazo de cenutrio, no pasaría nada, pero con lo guaperas que eres te besaría en la boca.

Esa reacción es porque en su casa no se besaban, las demostraciones de afecto no eran el fuerte de esa familia. Aunque, bien pensado, eso suele ocurrir. Los españoles, especialmente los hombres, somos poco cariñosos entre nosotros, nada que ver con los argentinos o los italianos.

El mundo iría mucho mejor si nos besáramos más. Besos y abrazos que no falten, pero de verdad. Qué grima me da cuando me presentan a alguien y me pone la mejilla, es como el que te da la mano y no aprieta. Si no quieres saludarme, no me saludes, con un hola tengo bastante, pero en ese primer contacto para mí es importante saber cuáles son tus sentimientos. Y ahí es donde entran los besos amorosos. Para no confundirlos les llamaré «besos sexuales».

El primer *beso sexual* lo di en una fiesta a los once años con mi novieta de turno, porque de niños la novia te tocaba por turno (el mes pasado fuiste novia de Javi, pues este mes me toca a mí), y viceversa con las chicas. Hacíamos fiestas, las de cumpleaños: bocatas de Nocilla, refrescos, un par de películas en el Cinexín y el baile. Improvisábamos una discoteca en cualquier habitación y a bailar. Al rato llegaba el momento de las canciones lentas, se apagaban las luces y a bailar *agarrao*. «¿Y a ti quién te toca? Pues con este... ¿Con este? Pero si para esta fiesta tú eras mi novia... Ah, vale.» En el segundo lento nos besábamos, había que ir por *faena*. Nos besábamos como hacían en las películas, morro con morro, con los labios bien cerrados y apretados. Eran besos «bigote» (bigote contra bigote), hasta que alguien dijo un día que no se hacía así, que su hermano mayor le había dicho que había que meterse la lengua. ¿La lengua? ¡Qué asco! Con la baba, la otra lengua que parecía un gusano, lame que te lame. ¡*Ejjjj*, qué marranada! Cómo cambia el cuento cuando te haces mayor, ¿eh? ¡Los besos sexuales con lengua y hasta la campanilla!

Los besos en el sexo, ¡cuán importantes son también! Si dieran clases de besarse yo me apuntaría. ¡Qué bajón cuando te besas con alguien y no te gusta! Ya puede ser la princesa más *bacana* del mundo, que te deja indiferente. Los besos en la boca son lo más. Ya lo decía Julia Roberts en *Pretty Woman* en su papel de puta (la palabra «prostituta» me parece muy fea): «Yo no beso en la boca». Claro que no, porque cuando besas en la boca lo haces por amor. El beso en la boca es un gesto mucho más íntimo, placentero y sensual que muchas de las otras prácticas sexuales. Un buen beso suele augurar un buen desenlace, en cambio uno mal dado…

Por un beso de la Flaca daría lo que fuera, por un beso de ella, aunque solo uno fuera… ¿Os suena? Con eso lo digo todo. Hay besos para todos los gustos y momentos. Pero sí os puedo recomendar algo: hacedlo lo más a menudo que podáis. Besad a vuestros hermanos, a vuestros amigos, a vuestros hijos, a vuestras novias... Ahora bien, señoras y señores, cuando besen, besen de verdad.

P. D. Otras sugerencias musicales para acompañar la lectura de este capítulo: *Bésame mucho,* versión de Antonio Machín; y *Kiss,* de Prince.

5.
TRISTEZA, DIVINO TE

Es tremendo. Resulta que vivimos en un mundo tan feliz que no se puede estar triste, hay que estar siempre contento. «Pruebe Denticlor, sonría, por favor, ja, ja, ja...» Qué chorrada de *jingle,* ¿no? Pero resume bien lo que pretendo explicar, y es que básicamente en esta sociedad en la que vivimos hay que estar siempre alegre, pase lo que pase, te sientas como te sientas. O sea, que aunque estés jodido tienes que aparentar que estás feliz.

Pero razones para estar contento, con el estilo de vida que llevamos, tampoco hay tantas, solo hace falta levantar un poco la cabeza para comprobar que no está el patio como para andar todo el día con una sonrisa de oreja a oreja.

Es difícil ver un anuncio de televisión donde la gente no esté de contenta a muy contenta, como lo es ver a un político en campaña electoral sin sonreír peranentemente. Cuando nos hacemos un *selfie* siempre esgrimimos la mejor de nuestras sonrisas, al igual que cuando nos presentan a alguien, aunque más que de sonreír, de lo que realmente tengamos ganas es de llorar. Estar triste no mola, no está de moda, no es *cool*.

¿Cómo que no? Lo que no mola nada es este rollo del mundo feliz sintético e impostado en el que hay que ir todo el día con la boca estirada *p'arriba*, en modo *smiling*. Claro que mola estar contento, y cuanto más contento mejor, pero tanto como estar triste. Siempre me ha dado mucha rabia la gente que sonríe por sonreír, porque eso crea un hábito terrible, y es que cuando alguien te está contando algo que no te interesa, pues vas y sonríes, lo cual puede provocar situaciones muy embarazosas. Haced la prueba, cuando estéis contando algo a alguien y notéis que sonríe en exceso, soltadle un «gilipollas». Si sigue sonriendo es que no está haciendo ni puto caso, y si deja de sonreír, pues entonces... sonríe tú, con lo que le parecerá que te ha entendido mal.

Bromas aparte, parece que estar triste es como estar enfermo. La gente te compadece, los amigos se preocupan, todo el mundo quiere animarte, cuando a lo mejor tú estás fenomenal con tu *tristonería* y lo único que quieres es que te dejen en paz. Por eso, cuando tengo días tristes, procuro pasarlos solo. Porque de vez en cuando me gusta estar triste, disfrutar de ese momento en que la melancolía se apodera de tu emotividad. En mi caso, la tristeza potencia la sensibilidad y aprovecho para recogerme y reflexionar sobre las pequeñas cosas por las que he pasado sin pensar, para quitar el pie del acelerador y concentrarme en las que, de la mano de la tristeza, me hacen sentir bien.

Por otro lado, creo que hay que diferenciar bien entre la tristeza y la pena. La pena no mola. La pena es terrible, brutal, demoledora. Muy peligrosa. Muy *chunga*. Sentir pena es de las peores cosas que te pueden pasar en la vida, porque de repente te vacías, te parece que no hay nada dentro de ti y la sensación de desamparo es total. La pena ataca directamente el alma y arrasa con todo, aniquila las ganas de ser, de estar, de vivir, y eso sí que es espantoso. Por culpa de la pena he vivido uno de los peores episodios de mi vida, que espero que nunca se vuelva a repetir.

Volviendo al asunto, hoy estoy triste, sí, ¿y qué pasa? Si no te sonrío, si no estoy hablador, si no te río las gracias o simplemente me ves alicaído, pues no te preocupes. Eso quiere decir que tengo un día triste como lo puede tener cualquiera. Ya se me pasará, la tristeza es un derecho que ostentamos por el solo hecho de ser humanos y tener sentimientos. Por lo tanto, debe ser respetado.

Tristeza, ¡divino tesoro!

6.
LOVE IS IN THE AIR

Además de declararme un completo desastre en el tema, reconozco que cuando pienso en el amor me siento totalmente perdido, confundido, incluso a veces desamparado. Es un tema que me supera: amor, cariño, pareja, amistad, fidelidad, lealtad, felicidad, deseo… Madre, ¡qué lío!

Trataré aquí del amor entre dos personas, sean del mismo sexo o no. Del amor de las películas de amor, del que hace llorar, de la gente que se besa en los labios, y dejaré para otros capítulos el amor fraternal o el que se siente por los hijos.

Sobre el amor, historias para ilustraros tendría muchas que contar, tantas como fracasos amorosos. Os contaré una que es, de todas, con la que me quedo.

Era verano y estando de gira fuimos a tocar a la ciudad donde residía una buena amiga mía. Habíamos sido también amantes, pero en esos tiempos ella tenía un novio, mucho más joven y guapo que yo, del que estaba totalmente enamorada. Esa noche tocamos en la plaza Mayor y luego nos fuimos de copas. Ella vino con unas amigas y lo pasamos en grande, como siempre. Hablamos de nuestras cosas, reímos, bailamos... Luego llegó la hora de irse y mi amiga me acompañó al hotel. La abracé y al darle un beso de despedida me dijo que no me despidiera, que subía conmigo a la habitación. ¡Qué poco sé de mujeres! ¿Cómo le iba a decir que no? Aclaro que en el colegio nunca fui a la clase donde enseñaban las palabras «no» y «pequeño». Por eso, en mi vida todo ha sido «sí» y «a lo grande». Bien, pues subimos al cuarto e hicimos el amor. Al terminar, y por la confianza que le tengo, le pregunté que por qué, teniendo novio y queriéndole como le quería, se había acostado conmigo. Ella me contestó que porque yo era un angelito, y los angelitos no cuentan. A un angelito le quieres tanto que es imposible olvidarte de él, tan imposible como llegar a tenerlo para siempre, porque entonces deberías cortarle las alas, y dejaría de ser tu angelito. A un angelito lo quieres para siempre porque sabes que nunca te va a hacer daño, que siempre que estés con él serás feliz.

Me encantó la historia de los angelitos, porque era una historia que hablaba de amor y amistad. Y es que es así: entre los angelitos no hay marrones, ni malos rollos, ni discusiones por la cara, ni celos. Entre los angelitos hay amor, cariño, respeto, amistad y alegría. Los angelitos no se poseen, no se gritan, no se reprochan. Tampoco se enfadan porque no se dan motivos para ello. Solo se ven cuando los dos quieren, y si uno no quiere no pasa nada. Y cuando uno está de mala leche, pues se la guarda para soltarla contra una pared, pero nunca contra otro angelito. Los angelitos solo se quieren. Se quieren de verdad.

En el amor me gusta ser un angelito. Y compartir mi amor con angelitos como yo. Bueno, mi amor y mi vida. No sé si es el mejor sistema, pero a mí me funciona. Hace mucho que no me cabreo con una mujer ni ellas se enfadan conmigo. Porque no hay motivos, porque nos sobran las razones para estar contentos, porque por un angelito yo hago lo que sea, lo que me pida, porque entre nosotros solo hay un vínculo fortísimo, indestructible: el amor.

No sé qué es mejor, si esto o lo otro, pero de lo que estoy seguro es de que el amor tiene que ser tan intenso como verdadero. En la verdad está el secreto. Creo que es ahí donde se genera la confianza necesaria para querer, en el sentido más bello, potente y amplio de la palabra. Amor sin tapujos, sin secretos, sin entresijos ni tabúes. Como el amor que se profieren los ángeles, que según yo lo veo es de los más puros.

El amor me ha hecho tan feliz como desgraciado, me ha hecho sufrir a la vez que gozar como un loco. Por amor he hecho grandes locuras, aunque también he dejado de hacer cosas y conocer a personas que hubieran merecido la pena. El amor ha inspirado canciones que han dado vida a Jarabe de Palo, canciones que ahora compartimos y que tan afortunado me hacen. Aquí os dejo una a la que le tengo especial cariño. Nunca fue un *single,* ni siquiera popular, pero creo que expresa bien cuál es mi punto de vista acerca de este sentimiento tan maravilloso al que llamamos amor.

Siempre, nunca, nada

Siempre tú.
Siempre sí.
Siempre lo mejor de mí.
Lo mejor de cómo soy
siempre y solo para ti.

Siempre bien.
Siempre a cien.
Siempre tuyo.
Siempre fiel.

Siempre a fondo.
Dando todo.
Siempre en *ON* mi corazón.

Nunca nada.
Nunca no.
Nunca a menos
ni a peor.
Nunca solo.
Nunca adiós.
Nunca en *OFF* mi corazón.

Nunca mal.
Nunca igual.
Nunca a menos
ni hacia atrás.
Nunca nadie.
Nunca *STOP*.
Siempre en *ON* mi corazón.

Siempre, nunca, nada es bastante.
Siempre, nunca, nada al instante.
Siempre, nunca, nada es lo que eres para mí.
Siempre, nunca, nada hasta el fin.

Siempre en *ON* mi corazón, siempre en *ON* mi corazón.

Siempre tú.
Siempre sí.
Siempre juntos.
Siempre así.

Lo mejor de cómo eres
siempre y solo para mí.

Siempre acción,
atracción.
Siempre todo
por amor.
Siempre dos en movimiento.
Siempre en *ON* tu corazón.

Nunca nada.
Nunca no.
Nunca a medias
ni a traición.
Nunca sexo sin quererlo.
Nunca en *OFF* tu corazón.

Nunca cero.
Nunca error.
Nunca sexo por favor.
Nunca hacerlo por hacerlo.
Siempre en *ON* tu corazón.

Siempre, nunca, nada es bastante.
Siempre, nunca, nada al instante.
Siempre, nunca, nada eres todo para mí.
Siempre, nunca, nada hasta el fin.

Siempre tú, siempre sí.
Siempre juntos, siempre así.

7.
ESCRIBIR UNA CANCIÓN QUE TE PARTA EL CORAZÓN

Llevo un rato dando vueltas por la casa buscando cualquier excusa para no enfrentarme a la bestia. Nada más levantarme ya me iba a poner por la labor, pero he pensado que mejor primero salía a dar una vuelta con los perretes. Al volver he desayunado y me iba a sentar a componer, pero me he acordado de que no me había duchado. Duchita, desodorante, un poquito de colonia y para el estudio. Ya en la puerta me he dado cuenta de que tenía una lavadora por poner, así que ropa de color, detergente, programa corto a 40° y *pa'lante*. Bueno, ahora sí. Son las 10:00 a. m. y me tengo que enfrentar a la bestia, sea como sea. De camino al estudio por segunda vez he pasado por la cocina y he visto el ordenador. He pensado que, como hacía días que no escribía nada para el libro, sería bueno redactar un nuevo capítulo, y como muchas veces me han preguntado que cómo lo hago, pues me ha parecido que el asunto de la composición podría ser un buen tema. Así que he pospuesto lo de la composición para más tarde y aquí estoy, escribiendo un poquito para contaros cómo compongo las canciones.

¡Todo excusas! Todo pantomima para no enfrentarme al momento de agarrar una hoja de papel y, sobre una idea, ponerme a escribir un texto que algún día puede que se convierta en una canción. Cobardía pura, lo reconozco. Esa pelea me da pánico.

La bestia es pues mi próxima canción. Es como cuando el caballero se enfrenta al dragón, el torero al toro o Foreman a Mohamed Ali. Es como una primera cita. Mira que le tienes ganas a la chica, pero... ¿Le voy a gustar? ¿Qué le voy a decir? ¿Me pongo camisa y corbata, o camiseta y vaqueros? ¿Y la colonia, cuál será la más adecuada? Cuando te enfrentas a una canción ocurre lo mismo, porque te da miedo que al final no quede como te la habías imaginado.

El proceso de la composición es el que más me gusta. Creo que si no escribiera canciones ya me hubieran echado de la banda, porque como cantante y artista soy más bien del montón. Siempre busco mil excusas para no ponerme a componer, y mira que sé que una vez escuche la canción terminada voy a ser el tipo más feliz del mundo, pero, queridos, ponerse a escribir canciones es siempre como un parto. En ocasiones acabo hasta enfadándome conmigo mismo: «¡Venga, joder, deja ya de darte largas, agarra la guitarra y tira *p'al* estudio!».

¿Primero la letra o la música? Da igual. Lo que sea. Puedes escribir letras estupendas por un lado y músicas maravillosas por otro, pero eso no quiere decir nada, porque a la hora de juntarlas igual resulta una mala canción. Lo mejor es hacer las dos cosas a la vez, pero yo no sé. Como decía, cuesta encender la mecha, pero una vez en marcha el proceso es una fantasía constante. No hay horas, ni día ni noche ni hambre ni sed. Ni teléfonos, ni duchas, ni lavadoras que poner. La composición es un proceso muy adictivo y placentero al cual me abandono vehementemente, porque tampoco sucede tantas veces. Suerte tengo de las llamadas de mi hermano Bernat (al único al que le cojo el teléfono cuando estoy en el estudio): son para recordarme que hay un mundo ahí afuera. Que coma, que duerma, que me afeite, que me peine... ¿Que me peine? Pero si no voy a salir a la calle para nada. En fin, gracias, hermano, por arrancarme de las garras de la bestia de vez en cuando. Porque las cosas como son; excepto en contadísimas ocasiones, a las ideas hay que meterles horas. Creo haberlo comentado ya: la inspiración no cae del cielo, la inspiración viene a base de darle a la cabeza.

Recuerdo otra ocasión en que estaba con el Ilustre Quimi Portet sentado en la terraza de un bar. Acababa el verano en Formentera y pasábamos unos días juntos, se nos acercó alguien y nos saludó. Era una actriz, una actriz que me gustaba muchísimo y que en ese momento estaba muy de moda por haber participado en una película del director Julio Medem. Ella venía con Graciela, una buena amiga mía, por lo que las invitamos a sentarse con nosotros. Pedimos unos refrescos o algo así e iniciamos una conversación acerca de la música y el cine. En un momento determinado alguien dijo que un actor es como un músico: te dan un papel y tú tienes que interpretar. El Ilustre Portet se quedó pensativo y muy educado, como es él, se limitó a aclarar que sí era verdad que en los dos casos trabajábamos sobre un papel, pero a diferencia de que en el de los músicos este estaba en blanco. Y así es, cuando te pones a componer empiezas de cero, y ese es un detalle a tener en cuenta. El comentario debió de ofender a la susodicha actriz, porque sin acabar el refresco se levantó y se largó. Qué pena, porque la tarde prometía.

Las canciones son como un laberinto con muchas salidas, pero también con muchos pasillos. Entras por un lado y, aunque te la imaginas, nunca sabes por dónde vas a ir ni por dónde vas a salir, aunque intuyes que el camino que vas a recorrer va a resultar fascinante. Son como rompecabezas con millones de fichas que tienes que ir colocando. Según como lo hagas, la canción saldrá de una manera o de otra. Insisto, lo que importa es que al final el resultado se parezca a lo que habías imaginado, e incluso mejor si lo supera. Por eso esa terrible sensación de ansiedad que tienes al empezar, porque no siempre lo consigues.

Creo que es importante no meterse mucha presión y dejarse llevar. Las ideas preconcebidas, vale, pero hay que investigar. En este proceso el camino a recorrer cobra una importancia muy relevante a la hora del resultado, me lo han enseñado los músicos, compañeros de viaje y fatigas que, dicho sea de paso, han tenido que soportarme con inquebrantable paciencia: hay que dejar brotar las ideas, darles tiempo y recorrido. Cualquier opción puede ser buena, cada idea puede desembocar en una mejor que te acabe dando la clave. Gracias a los músicos de Jarabe ahora escribo canciones mucho mejores. Ellos me han enseñado casi todo lo que sé.

Solemos grabar un disco cuando tengo maquetados al menos veinte temas nuevos. De esos veinte, que han pasado un filtro muy pero que muy severo, elegimos unos doce que serán los que conformarán finalmente el disco. En los proyectos de Jarabe nunca hay canciones malas, porque sí que las escribo, pero jamás pasan la selección. Los discos de Jarabe siempre incluyen temazos, porque no hay canciones mejores o peores, hay canciones que gustan más y otras que gustan menos. Y para gustos, los colores (por suerte). ¿Por qué *La Flaca* fue un éxito? ¿Por qué *De vuelta y vuelta* no funcionó? ¿Por qué *Agua* gustó tanto y en cambio *Estamos prohibidos* (una de mis favoritas) pasó desapercibida? Nadie lo sabe, pero son todos buenos temas, os lo aseguro, porque pongo mucho empeño en que lo sean y, de otra cosa no, pero de escribir canciones un poquito sí que sé.

Mierda, me he puesto a escribir estas líneas para escaquearme del estudio otra vez, pero ya se me ha acabado el tema. ¡Se acabó la excusa! Vuelvo a la mazmorra, a ver en qué pasillo del laberinto me pierdo hoy. Huy, ¡pero si es la una del mediodía!: hora de comer. Pues hala, hasta la tarde. ;)

8. *GOODFELLAS*: LA AMISTAD

Me gusta presumir de amigos. A mi padre lo tenía frito porque mis amigos siempre fueron los más pintones, los más golfos, los más gamberros del barrio. «Dime con quién andas y te diré quién eres», me solía decir. Quizá por eso estaba tan disgustado, porque en el fondo yo era igual que ellos. Tengo unos amigos impresionantes. No muchos, pero requetebuenos.

Eso de que los grandes amigos son los que haces de niño, pues mira, depende. Sí es verdad que algunos me han acompañado toda la vida, pero también he conocido a gente estupenda en el devenir de los años, personas con las que comparto muchas afinidades, especialmente en el asunto de los valores, que para mí es lo importante. Gente buena, generosa, cariñosa, con buena *vibra*, que entienden bien qué significa ser amigo de sus amigos. Gente que no pide nada a cambio de su amistad o, en todo caso, amistad de vuelta.

Cuando era joven era más jodido para eso. Mis amigos eran mis amigos. Tenían que ser de puta madre y ganarse permanentemente el puesto. Estábamos obligados a cumplir de forma constante con las reglas, que entre nosotros mismos nos imponíamos, para demostrar que éramos los mejores amigos, uno para todos y todos para uno. Pero, al final, ¿qué pasa? Que después de cientos de mosqueos de juventud acabas aceptando que cada uno es como es, y que la amistad está por encima de todo. Si un día un amigo te putea, pues te aguantas. Si otro te falla, pues te jodes, como dijo Herodes. Porque sabes positivamente que ese tipo con el que de repente estás cabreado se partiría la cara por ti si hiciera falta, y que te quiere como si fueras su hermano. Y un hermano te puede cabrear, pero nunca te va a joder.

La amistad es cosa seria, vamos. Para mí un tesoro de valor incalculable. Y es que ya no estoy para rollos. O molas o no molas. Y si no molas, pues *andate via*, o sea: a tomar viento. Esta cosa del paripé no la soporto, como para aguantar a babosos que se relacionan contigo por mero interés y que lo único que buscan es chuparte la energía. De esa chusma también hay a patadas, es fácil detectarla. No sé si será por esta profesión que tengo, pero yo los diviso a la legua. Como decía la abuela Isabel: «¡Lo malo, fuera!».

Cuando saltó la noticia de mi cáncer, recuerdo especialmente una llamada:

—Hola, Pau, soy Xavi.

—Hey, qué pasa, colega. ¿Cómo estás?

—Pues, la verdad, jodido. Me acabo de enterar de lo tuyo.

—Sí, bueno, no te preocupes. Ya me han operado y todo ha ido muy bien.

Xavi no contestó. De repente se hizo el silencio y pegué la oreja al auricular por si oía algo, hasta que escuché a mi amigo sollozar.

—¡Epa! Que te he dicho que no te preocupes, joder, que está todo en orden. En una semana nos estamos tomando unas cañas y aquí no ha pasado nada.

Se hizo el silencio otra vez y entonces Xavi me dijo con la voz entrecortada.

—¡Te quiero mucho, Pau! No te mueras, ¿vale? No me hagas esa putada…

Y colgó.

«Te quiero mucho.»

Ahora las lágrimas me caían a mí. Que un amigo te diga eso es de las cosas más grandes que te pueden ocurrir. Porque significa que hay alguien por ahí que te aprecia, que te tiene en cuenta, que piensa en ti. Porque significa que formas parte de la vida de otra persona, y que no estás solo en el mundo. Tienes a alguien que se preocupa por ti, que te echa de menos cuando hace tiempo que no le ves, que se alegra de que te vayan bien las cosas, que se siente orgulloso de tenerte como amigo y tú de serlo de él. Que te quiere y te respeta.

Xavi y yo nos vimos al cabo de un tiempo. Parecía que hubiera pasado media vida, como si nos reencontráramos después de mucho tiempo. Nos dimos un abrazo de los que se dan los amigos de verdad, seguramente uno de los más emocionantes de mi vida. Y ahí estaba yo, con un gran amigo mío, con un tipo que seguro hubiera dado lo que fuera para que no me muriera.

Y por amistad, no me morí.

𝍸 Grita

Hace días que te observo
y he contado con los dedos
cuántas veces te has reído,
una mano me ha valido.

Hace días que me fijo
no sé qué guardas ahí dentro,
a juzgar por lo que veo,
nada bueno, nada bueno.

De qué tienes miedo
a reír y a llorar luego,
a romper el hielo
que recubre tu silencio.

Suéltate ya y cuéntame,
que aquí estamos para eso,
pa lo bueno y *pa* lo malo,
llora ahora y ríe luego.

Si salgo corriendo, tú me agarras por el cuello,
y si no te escucho, ¡grita!
Te tiendo la mano, tú agarra todo el brazo,
y si quieres más pues, ¡grita!

Hace tiempo alguien me dijo
cuál era el mejor remedio
cuando sin motivo alguno
se te iba el mundo al suelo.

Y si quieres yo te explico
en qué consiste el misterio,
que no hay cielo, mar ni tierra,
que la vida es un sueño.

Si salgo corriendo, tú me agarras por el cuello,
y si no te escucho, ¡grita!
Te tiendo la mano, tú agarra todo el brazo,
y si quieres más pues, ¡grita!

9.
EL PRECIO DE LA FAMA

¡Qué brasa esto de la fama! ¡Menudo coñazo! Y lo peor es que no entiendo por qué para algunos es tan fascinante. Bueno, quizá porque no la han vivido nunca. Los que somos populares (algunos, que no todos) no queremos serlo, y los que no lo son se disfrazan de famosos para parecerlo. Después están esos a los que lo único que les importa es ser famosos al precio que sea, los famosos de profesión, tan estúpidamente llamados «celebrities» (a los que mejor sería llamarles «cerebrities», en la mayoría de los casos por su falta de cerebro).

No quiero ser antipático, pero para que me entendáis, el asunto de la fama no lo llevo bien. Es más, lo llevo fatal. Diría que casi estoy de psiquiatra con este tema.

Voy a intentar, con toda la buena intención del mundo, explicaros lo que se siente cuando vives de forma popular.

¿Recordáis el día de vuestra boda? Hace mucha ilusión, sobre todo antes de empezar con los preparativos. Pero a medida que se acerca el día..., la cosa va cambiando, ¿no? Que si el vestido, que si las croquetas del aperitivo, que si las flores de los centros, que si esta iglesia o la otra, el discurso del cura, las invitaciones, el banquete, la orquesta... Hasta aquí, aunque cansino, todo en orden, aunque un poquito famoso ya has empezado a ser: tus colegas te han montado una despedida de soltero, mucha gente te llama para pedir detalles de la boda, etc.

Por fin llega el día en que te casas. Aparte de los nervios, al evento ya llegas como bastante cansado (por no decir *reventao*). Pues bien, desde que te levantas hasta que despides al último invitado eres el protagonista, el centro de atención, el famoso más famoso de todos. Si te has casado sabrás perfectamente de qué te hablo, si no, habrás ido a alguna boda y visto el careto de los novios a última hora.

La llegada a la iglesia, la misa, las primeras fotos en el jardín, el vídeo, la mesa nupcial, el banquete, el primer baile, el baile con los hermanos, con las tías, con las amigas de la madre, con tus amigos o amigas... Empiezan las copas y la gente se pone cariñosa. Y tú, que ya empiezas a estar cansado de atender a todo el mundo con una de tus mejores sonrisas, pues a aguantar lo que te caiga: la tía-abuela por parte de papá que no para de tirarte del moflete para recordarte lo mal que te portabas de pequeño, tu madre que dice que no te quites la corbata, el amigo bolinga que está en fase de exaltación de la amistad y no te deja ni *pa'trás*, tu suegra que quiere que te hagas un *selfie* con todas sus amigas. Y tú, con un dolor de pies de aquí te espero, Baldomero, con tremendas ganas de quitarte el traje y llegar a la habitación para estar con tu mujer, pues aguantando estoicamente el temporal, porque resulta que aún te quedan siete horas de boda... siendo el fa-mo-so, ¡la *celebrity*!

Pues la fama es lo mismo, pero cada día. Te levantas con la legaña, sales al jardín y hay un *paparazzi* colgado de un árbol esperando para hacer una mierda de foto que después publicarán en una mierda de revista. Vas a comprar el pan en bicicleta y te pasa un coche al lado y el mamón del conductor empieza a hablar contigo sin darse cuenta de que le viene un coche de cara. Llegas a la panadería y alguien quiere hacerse una foto contigo ¡a las nueve de la mañana! ¿Pero es que no ves la cara que llevas, reina? Si cuelgas esta foto en el *feisbuc* vas a perder a todos tus amigos. Vuelves a casa, desayunas (en la cocina, escondido del *paparazzi* del árbol) y te vas a la playa, como todo quisqui. Es verano y hace calor. Empieza el espectáculo: el tío que hace ver que llama con el móvil en realidad te está filmando, el que no es *paparazzi* pero lleva cámara semi-pro porque se pone *palote* espiando con su superteleobjetivo a las chicas que hacen *topless,* el *pesao* que mientras estás tomando el sol se pone justo delante de ti para darte la chapa mientras te hace sombra...

¿Sabes qué?, vamos a comer al chiringuito. ¿Comer en el chiringuito? Otra aventura. Te estás metiendo la primera cucharada de paella en la boca y que si una foto por aquí, si un autógrafo por allá, que si conozco a tu prima de Málaga (yo no tengo primas en Málaga), que si pásate por nuestra mesa después para que te invitemos a un *gin tonic.* Y no se te ocurra decir aquello de «si no te sabe mal, termino de comer y después te firmo lo que sea», porque entonces resulta que eres un antipático y un gilipollas. ¿Os imagináis pasar por esa movida cada día a la hora de comer? Pues nada, a comer a casa. Ni paella en el chiringuito ni hostias. Y así hasta que te metes en la cama. No sigo porque creo que a estas alturas ya tendréis una idea de lo que significa ser famoso.

La fama no mola. Los músicos, los pintores, los escritores... lo que queremos es hacer canciones, pintar cuadros, escribir libros. Hacer lo nuestro y compartirlo con los demás. Y a partir de ahí, vivir tranquilos. Y poder tomar un café en una terraza concurrida, y poder ir al cine un domingo por la tarde, y pillar el metro, o el autobús. En fin, hacer la vida como la haría cualquiera.

El arte en general implica llevar una vida bastante caótica y desordenada, por eso es tan importante (por lo menos para mí) poder hacer una vida lo más normal posible, incluso rutinaria, cuando me bajo del escenario. Pero la fama no ayuda, más bien todo lo contrario.

¿El precio de la fama? Pues no sé muy bien de qué va eso, pero en todo caso por ahí no paso. Que lo pague otro, porque yo no quiero ser famoso.

P. D. Son las cinco de la madrugada. Hace cuatro horas que terminó la boda y has intentado entrar en la habitación con tu novia en brazos, pero estabas tan cansado que no has podido. Te diste una ducha e irrumpiste en el dormitorio de la suite del hotel dispuesto a hacerle el amor a tu ahora mujer como nunca antes, pero estaba tan derrotada que se había quedado dormida con el vestido puesto.

De repente suenan unos golpes en la puerta. ¿Quién será a estas horas? ¡Nooooo! Tus amigos con una bolinga considerable, que, exaltados más todavía por la amistad, han venido a cantarte una canción de despedida: *Amigoooss para siempre means you'll always be my friend, amics per sempre means a love that will never end...*

Qué le vamos a hacer, el precio de la fama.

Lo dicho, ser famoso no mola.

10.
LOS 20 MANDAMIENTOS

A los cincuenta años ya poca tontería te queda, pero si además te diagnostican un cáncer, pues todavía menos. Una de las cosas que tiene el no saber qué es lo que va a pasar con tu vida es que inmediatamente estableces un orden de prioridades con respecto a las cosas que realmente son importantes para ti, y también en qué cosas vas a emplear tu tiempo a partir de ese momento.

Prioridades y tiempo. Empezar a vivir según tus prioridades de la noche a la mañana no es tarea fácil, porque el entorno te condiciona. En teoría, los cambios radicales pueden poner en peligro ciertos pilares sobre los que se sustenta tu existencia. Pero el fin justifica los medios: me refiero a que, si hay que mandarlo todo a la mierda, pues se manda. Por muchos principios que tengamos, por muy claras que veamos las cosas, el día a día nos mete en un bucle en el que es fácil perder de vista tus convicciones, tus creencias más férreas, por lo que cuando te pasa algo fuerte hay que aprovechar y replantearse seriamente el asunto. A saco. Sin miedo. Lo que es bueno para ti también lo será para los demás, especialmente para los que te quieren.

Recupero una carta que publiqué en *La maleta* (www.jarabedepalo.com/la_maleta) en la que proclamaba una serie de anhelos que me vinieron a la cabeza cuando comencé a pasearme por los límites entre lo divino y lo humano.

Aprovecho la ocasión para volver a enumerarlos a modo de mandamientos, que a partir de ahora paso a cumplir a rajatabla cada vez que me tiemblen las manos, que dicho sea de paso últimamente me han temblado bastante:

1. Que sepamos vivir el presente.
2. Que no perdamos el tiempo pensando en el futuro.
3. Que dejemos de creer en la suerte y creamos en nosotros mismos.
4. Que dejemos de hacer montañas de granitos de arena.
5. Que la tristeza nos dé ganas de reír. Que nos riamos mucho.
6. Que cantemos en la ducha, en los bares, en las bodas, en las cenas con los amigos o donde nos apetezca cuando nos venga en gana.

7. Que aprendamos a decirnos «te quiero» sin que nos dé vergüenza.
8. Que nos besemos, nos toquemos y nos achuchemos mucho.
9. Que nos escuchemos tanto como sepamos compartirnos en silencio.
10. Que nos queramos, a los demás y sobre todo a nosotros mismos.
11. Que nos peleemos lo menos posible. Estar enfadado es una gran y estúpida pérdida de tiempo. ¡A la mierda el ego y el orgullo!
12. Que nos dejemos de rollos, de chorradas, de hacer ver lo que no somos, que eso no sirve *pa' ná*.
13. Que le perdamos el miedo a la muerte, pero también le perdamos el miedo a vivir.
14. Que decidamos por nosotros mismos. Que nunca dejemos que los demás decidan por nosotros.
15. Que cuando la vida nos cierre una ventana sea cuando más abramos las alas para romper el cristal y salir volando.
16. Que las cosas nos lleven adonde sea, pero que nos vayan bien.
17. Que los cerebros de zafios, hipócritas, memos, mamelucos, corruptos, *pesaos*, estúpidos, tocapelotas, mentirosos, gilipollas… se

reprogramen y entiendan que en la vida no hace falta ser así, que la vida va de otra cosa.

18. Que a las penas, puñaladas y al mal tiempo, buena cara. O mala, que tampoco pasa nada.
19. Que la vida sea siempre un sueño.
20. Y, en fin, que a la vida le demos calidad, porque belleza sobra.

Tiempo

Tiempo es una palabra
que empieza y que se acaba,
que se bebe y se termina,
que corre despacio y que pasa deprisa.

Tiempo es una palabra
que se enciende y que se apaga,
ni se tiene ni se atrapa,
no se gira ni se para.

El tiempo no se detiene,
ni se compra ni se vende,
no se coge ni se agarra,
se le odia y se le quiere.

Al tiempo no se le habla,
ni se escucha ni se calla,
pasa y nunca se repite,
ni se duerme y nunca engaña.

Tiempo para entender, para jugar, para querer.
Tiempo para aprender, para pensar, para saber.
Tiempo para entender, para jugar, para querer.
Tiempo para aprender, para pensar, para saber.

Un beso dura lo que dura un beso,
un sueño dura lo que dura un sueño,
el tiempo dura lo que dura el tiempo,
curioso elemento el tiempo.

El tiempo sopla cuando sopla el viento,
el tiempo ladra cuando ladra el perro,
el tiempo ríe si tú estás riendo,
curioso elemento el tiempo.

11.
HOY TENGO UN DÍA DE «NO ME QUIERO MORIR»: LA VIDA Y LA MUERTE

Esto de estar vivo es un chollo, y lo de morirse una putada, la verdad. A la muerte nunca le he prestado mucha atención, como que la idea de morirme nunca me ha impresionado. Pasó muy cerca de mí cuando era joven, cuando madre se fue a la velocidad de un suspiro. Ahí enseñó los dientes, pero no me asustó, y ahora que la llevo dentro de vez en cuando me da por pensar en ella. Ahora ya no me ronda cerca, sino que me acompaña allá a donde vaya, por lo que hay días en que sí que la tengo en cuenta, y me asusto. Suelen ser de esos días en los que no me quiero morir.

Hoy estoy enamorado, así que como comprenderéis morirse sería una putada de las grandes. Además, tengo ganas de volver a casa, de darle un beso a mi hija, de hacer la maleta y llevármela de vacaciones. Tengo un libro y un disco entre manos que me gustaría terminar, porque en estos últimos meses me han venido muchas ideas a la cabeza y quiero aprovechar que estoy vivo para contarlas. La semana pasada estuvimos ensayando, y después de casi un año vuelvo a cantar y a tocar la guitarra. ¡Qué lujo! Sigo con mis clases de batería y percusión, y dentro de unos días empiezo las de baile. La profesora, además de una bailarina increíble, es *vedette* en El Molino (mítico cabaret de Barcelona). Hace unas semanas me examiné del PER para conseguir el título de patrón de embarcaciones de recreo, y aprobé, con lo cual tengo la idea de subirme a un velerito y salir a navegar todo lo que pueda o más. Como aquel que dice, después de veinte años me he tomado unas vacaciones largas, y claro, ¿cómo me voy a morir ahora que estoy de vacaciones?

¡Viva la vida, alegre y divertida! Si no es alegre y divertida, también. Porque no creo que haya nada como estar vivo. Estamos tan acostumbrados a que nos lata el corazón que no le damos mucha importancia, pero cuando la cosa no está clara, entonces aprendes a valorar lo que significa. En serio. Cuando estás vivo te mueves, piensas, te emocionas, sientes, comes, quieres, ríes, duermes, amas, sueñas, te alegras, te caes, te levantas, enredas, te cabreas... Cuando te mueres de todo eso nada, se acabó el chollo. Te mueres y punto. Hay quien dice que te vas al paraíso, un lugar mucho mejor que este en el que ahora vivimos. O que te reencarnas en un animal, o en una planta. O que incluso te puedes ir al Cielo o al Infierno. Cielo e Infierno, vaya dos sitios más extraños para ir.

No me fío. Prefiero aprovechar lo que me pasa ahora, en este paraíso en el que vivo actualmente, porque ahora soy consciente. Vivir el momento. Vivir. Y punto. Porque la vida es un regalazo. Otra cosa es que nos la compliquemos, que nos guste pensar que las cosas nos van mal, que todo es una mierda, en lo desgraciados que somos. Todo eso es hasta cierto punto aceptable y en algunos casos incluso razonable, pero cuando ves la muerte de cerca o, como en mi caso, la llevas puesta, entonces el punto de vista cambia. Se te quita la tontería rápido.

Cuando la vida te sonríe estás contento, alegre, de buen rollo. Cuando no te sonríe, pues por lo menos estás vivo, lo cual es siempre mucho mejor que los marrones que te tengas que comer. Además, los problemas siempre son relativos. Problemas tenemos. Muchos. La cuestión es cómo llevarlos, hasta qué punto son importantes, que pocas veces lo son.

A mí la vida me pone. Tengo muchas y poderosas razones para seguir aquí.

Tengo cosas por hacer. Voy sobrado de ilusión y de ganas, aunque podría ser que no tan sobrado de tiempo y de salud. Así que, de momento, querida y temida muerte, mejor «no me mueras», porque hoy tengo uno de esos días en que no me quiero morir.

Muérete tú, muerte, que a mí ahora no me va bien.

12.
LAS 10 PEORES PREGUNTAS QUE ME HAN HECHO: LOS PERIODISTAS MUSICALES

Lo de los periodistas musicales no tiene desperdicio. Los hay buenos, incluso muy buenos, son los que acabas la entrevista y dices: «Joder, qué lujo de charla». Son los que hacen que me sienta con ese buen cuerpo que se te queda cuando has pasado con un colega una tarde de sábado para charlar y luego te vas a casa pensando en el buen rato que has vivido. Son los que, para empezar, saben de lo que hablan; después, se han interesado por conocer tu música antes de entrevistarte. Les gustarás más o menos, pero se lo han preparado, y eso es muy de agradecer (cuestión de respeto, porque yo también me he preparado para ellos). Suelen tener la entrevista esbozada, pero lo suyo es la improvisación, cosa que me encanta, porque solo improvisan bien los que saben lo que hacen. En definitiva, que te hagan una buena entrevista es muy molón y, como decía, muy de agradecer si durante la promo de un disco o de una gira te cascas de quince a veinte entrevistas diarias. Para mí una buena entrevista tiene que ser lo más parecido a pasar un buen rato charlando.

Pero después están los otros.

Empecemos por los **DIVOS:** suelen trabajar en medios importantes, por eso van de divos. Ellos deciden dónde hacen la entrevista y les da igual si llevan de culo a la discográfica. Llegan tarde, enseguida te dejan saber lo importantes que son y la suerte que tienes de que te estén entrevistando. Sus entrevistas son cortas, llenas de silencios, porque en realidad les importa un pimiento lo que les vayas a contar, porque ya la tienen hecha antes de venir. Después, cuando lo publican, escriben lo que les sale de los huevos, nunca lo que has dicho tú. Eso sí, lo ponen en tu boca, y cuando acabas de leerlo es como si no hubieras leído nada, porque sus artículos son del tipo «donde dije digo, digo Diego, pero al revés. ¿Entiendes lo que te digo?».

Una vez coincidimos con uno en Madrid. Se inauguraba la Cubierta de Leganés, una plaza de toros enorme que se cubría apretando un botón, en la que tocaba Sabina y de teloneros, nosotros. Estando en el camerino aparece el crítico, sin pedir permiso ni saludar, y le pide al mánager (de Joaquín y también nuestro) un repertorio con los temas que cantará el Maestro. Cuando nosotros regresamos al camerino tras tocar, Sabina sale a continuación al escenario para empezar su concierto, y aquí es cuando nos percatamos de que el elemento en cuestión sigue de palique con el mánager, vaso de *whisky* y pitillo en mano, y se pasa todo el concierto dándole a la lengua, entre *whiskies* y viajes al baño del camerino. Cuando Sabina finaliza el concierto, el tipo va y se pira, sin despedirse siquiera, como si nosotros no hubiéramos estado allí presentes. Por supuesto, al día siguiente apareció en *El País* una página entera con la crónica y la crítica del concierto escrita de su puño y letra. ¡Patético!

Por suerte estos cada vez son menos.

Luego están los **PERIODISTAS-ARTISTAS:** que son mucho más artistas que tú; de hecho, les importa una mierda quién eres y lo que haces. Ellos nacieron para artistas, pero nadie les entendió, nadie tuvo la sensibilidad de valorar su creatividad, por eso ahora hacen de críticos musicales. Lo cuento de otra manera: aspirantes a músico sin ningún talento que, a falta de escenario, se dedican a cargarse cualquier proyecto artístico que despunte. Suelen ser entrevistas en las que tú hablas poco y solo hablan ellos. Les gusta escucharse y hacerse *los guays*. Enseguida te dejan claro que saben muchísimo del tema, que son amigos de los artistas más importantes del planeta y que ellos les han entrevistado, y que tú eres un mierdecilla que simplemente has tenido suerte en la vida. Son muy pesados y cuando publican sus entrevistas siempre hay un claro protagonista: ellos.

También están los **PERIODISTAS-EXAMINADORES:** vas a la entrevista como si fueras a un examen de fin de curso. Tienen una batería de preguntas que hacerte impresionante, muchas y muy precisas: «En agosto de 1997 tocasteis en el campo de fútbol de Lepe, ¿recuerdas de qué color eran los bancos de los camerinos?». Dentro de este tipo hay de dos clases: los que se lo han *currado*, con preguntas tipo test pero especiales para tu entrevista, y los que se presentan con un modelo ya preestablecido (ahí lo importante es fijarse desde el principio en si el periodista se ha traído el «modelo músico» o el «modelo futbolista»).

Otros son los **BUSCATITULARES:** se pasan toda la entrevista erre que erre buscando un titular. Estos se equivocaron de departamento. Son rebuscados, tramposos, sus estrategias para conseguir el titular que anhelan son ilimitadamente enrevesadas, y eso es porque el lugar donde deberían estar es en las secciones de sucesos o en las de sociedad, en las que poder saciar su sed de titulares con mayores posibilidades de éxito. Es impresionante ver la cara que se les pone cuando se lo das (el titular, digo). Son yonquis de la escandalera, del lío... El asunto es darles lo que buscan lo más tarde posible, para que por lo menos escriban algo sobre el disco que estás presentando.

En fin. En todos estos años de entrevistas, de carrera artística, el que se lleva la palma de oro fue un periodista de *La Razón*. Recuerdo que era verano y en la redacción debían de estar de vacaciones, así que llegó a la discográfica el «periodista», un chaval joven con cara de simpático, *repeinao pa'trás* a lo Mario Conde, que se sentó delante de mí muy callado.

—Hola —le digo.

—Hola, buenos días —me responde.

—¿Empezamos?

—Estoy esperando a Pau Donés, el cantante de Jarabe de Palo —estábamos uno frente al otro, máximo a un metro de distancia.

—Pues soy yo.

—¡Ahhhhh! ¿Tú eres Pau? El cantante del grupo español Jarabe de Palo, ¿no?

—Efectivamente.

—¡Me gusta ese grupo! Son los de *La Flaca*, ¿verdad que sí?

—Eso es, ¿comenzamos?

—Espera, que me he traído las preguntas, a ver... ¿Dónde las habré puesto?

Obviamente, nunca las encontró. Como os podéis imaginar, a partir de ahí todo fue un despropósito. «La Flaca..., qué interesante... ¿Era guapa la Flaca? De Cuba, ¿no? Cuba, qué buen sitio, con sus playas y sus palmeras con cocos...» Yo no daba crédito, pensé que se trataba de una broma. La típica cámara oculta. Pero no, ¡era real! «Jarabe de Palo, ¿pero, por qué os llamáis así? A mí me hubiera gustado más otro nombre.» Im-pre-sio-nan-te. Reconozco que pasé por un momento de crisis, pero después me lo pasé de lujo. Qué hartón de reír, no lo pude evitar. A cada pregunta más y mejor. «Por un beso de la Flaca daría lo que fuera... ¿Y no sería mejor "lo que fuese daría" a "daría lo que fuera"? Le queda mejor, ¿no?»

¡Madre mía, qué disparate! A la vez que patética la entrevista fue muy divertida, y, para rematar, antes de despedirnos me soltó una última perla:

—Perdona por la brevedad de la entrevista, pero es que me tengo que ir a Marbella a pasar el finde y voy un poco tarde.

Como el tema tiene su enjundia y da para mucho, a continuación voy a enumerar algunas de las peores preguntas que me han hecho en estos 20 palos:

—«¿QUÉ ME CUENTAS?»

¿Qué me cuentas? ¿Y a ti te pagan en el periódico? Qué me cuentas tú. Típica pregunta de periodista que no se ha preparado nada. Cuando las entrevistas empiezan así acostumbro a contestar con una breve explicación de lo que he desayunado. Suele funcionar. Entonces el interlocutor se pone las pilas y la entrevista se puede llegar a salvar. Si el periodista insiste en que tú le hagas la entrevista sin él pegar ni sello, entonces en cinco minutos estamos. Él no sabe qué preguntar y yo respondo con monosílabos. *¡Pim, pam, pim, pam!* Mejor para todos, no perdamos el tiempo. En www.jarabedepalo.com tienes toda la información.

—«¿QUIÉN ES LA FLACA?»

¡Socorroooooooo! No es que sea una mala pregunta, pero después de veinte años… ¡Joder, como para venir a la entrevista con los deberes hechos! ¡Wikipedia, *please*! Cuando una entrevista empieza con esta pregunta, mal vamos. La respondo sin problema, pero, querido/a, si te lo *curras* un poco hacemos una entrevista de puta madre y además lo pasamos bien. Con la de preguntas que hay por hacer y las ganas que tengo de responderlas. Porque, eso sí, me encanta responder a las entrevistas, pero, ¡hostias!, vamos a darle un poco a la cabeza. Por si las moscas hay algún periodista *despistao* leyendo este capítulo, la Flaca es Alsoris Guzmán Morales.

—«¿Por qué Jarabe de Palo?»

Otra de esas que si te la meten al principio de la entrevista te dejan KO. Es que la he respondido millones de veces. De hecho, tengo cuatro o cinco respuestas distintas. Una de verdad y las otras inventadas. Sin maldad, ¿eh? Hay que ser creativo. Según quién tenga delante digo una u otra cosa, pero vamos, ¿por qué Jarabe de Palo? Porque hoy es miércoles, porque es verano y calienta el sol, porque el abuelo fuma, porque a mi novia le gustan las chicas, porque me duele la cabeza y la música está muy alta... La que más os guste, pero lo que está claro es que a los grupos hay que ponerles nombre.

—«¿Para cuándo el próximo disco?» (Durante la presentación de un disco.)

¡Ja, ja, ja, ja! Pero lo fuerte es que no me la han hecho ni una, ni dos, ni tres veces. Mil por lo menos. ¿Por qué la harán? ¿Qué extraña curiosidad esconde esta pregunta? Estamos justo presentando un disco nuevo, canciones nuevas, gira nueva... *Carpe diem*, estimado periodista. No sé ni lo que voy a hacer mañana, como para hablarte de un nuevo proyecto. Hablemos del presente, que es lo que nos ocupa.

—«¿Y CÓMO DICES QUE SE LLAMA TU GRUPO?»

¿Que no os lo creéis? Y tanto que me lo han preguntado. ¡Y al final de la entrevista! Ahora me río, pero es para agarrar un cabreo de los fuertes. ¿Pero tú a qué has venido? Si me preguntas esto es: 1) que estás en la sección musical desde hace muy poco, 2) que no te has leído el *dossier* de prensa que te mandamos desde Tronco Records, 3) que no te has escuchado el disco, y 4) que no tienes ningún interés por tu interlocutor. En tal caso, ¿qué estamos haciendo? Cuando esto sucede lo conveniente es remitirle (una vez más) a tu página web, aunque de antemano sabes positivamente que no te va a hacer ni puto caso.

A colación de lo que cuento, aprovecho para relatar una breve anécdota que me sucedió una vez estando en la estación del AVE de Lleida. De repente se para un pedazo de coche negro delante del mío y baja un chófer perfectamente uniformado, con gorra incluida, se va a la parte de atrás del vehículo y abre la puerta trasera, y de ahí baja una señora mayor muy guapa y elegante.

—Oiga, joven —me increpa—, usted es un cantante famoso, ¿verdad?

—Bueno, conocido, diría yo.

—¿Me podría firmar un autógrafo para mis nietas? Es que su grupo les gusta mucho.

—Por supuesto, señora —el chófer me da papel y boli, le pido el nombre de las chicas, dedico y firmo.

—Muchas gracias, joven. Y le felicito por su trabajo, porque no se crea, ¿eh?, a mí también me gusta mucho Estopa.

Pues lo dicho, ¿que cómo dices que se llama tu grupo?: «Pues Estopa».

—«¿Me puedes contar alguna anécdota divertida de la gira?»

Esta no es que sea una mala pregunta, pero es de las que me cuestan, porque anécdotas durante una gira suceden muchas, pero o no se pueden contar («lo que pasa en la gira se queda en la gira», rollo Las Vegas) o se me olvidan. Nunca sé qué contestar. Ahí pido disculpas por la poca originalidad de mis respuestas.

—«¿A qué sabe Pau Donés?»

No haré muchos comentarios al respecto, porque es una pregunta que cuando me la hicieron por primera vez no supe entender. Supongo que mi nivel intelectual estaba muy por debajo del de la periodista del corazón que me la planteó. Lo que sí diré es que finalmente la pude responder: me fui a cenar con ella y acabamos en la cama, con lo que la duda quedó resuelta y, dicho sea de paso, de forma extensa.

—«¿QUÉ TE LLEVARÍAS A UNA ISLA DESIERTA?»

¿Otra vez? Pero si es que de las veces que la he respondido he llevado tantas cosas a la isla que podría montar un hotel de cinco estrellas Gran Lujo. No sé la de cosas que me llevaría, pero después de ver *El lago azul* me encantaría llegar a la isla desierta y que estuviera Brooke Shields esperándome. Sinceramente, y sin ninguna intención de meterme donde no me llaman, esa pregunta deberían retirarla definitivamente de las entrevistas musicales, porque los músicos ya solemos vivir en islas desiertas, me refiero a nuestro «universo particular», y tampoco creo que al lector esa información le aporte nada especialmente interesante a su vida. *El lago azul* le ha hecho mucho daño a esta pregunta, la verdad.

Pero bueno, para satisfacer vuestra curiosidad, a una isla desierta me llevaría: un cortacésped, una báscula, un bote de Réflex, seis percheros, comida para perros, hilo dental, una Vaporetta, una tarjeta de autobús nueva, un cortaúñas marca ACME, unos zapatos de tacón, la tarjeta de crédito, un paraguas automático, una jamonera por si acaso hay cerdos salvajes en la isla, la suscripción a Netflix, unos parches y pegamento para los pinchazos, un tubo de gomina, un peine, un bote de desodorante, maquinillas de afeitar y un frasco de pachulí por si acaso llegara a la isla alguna polizona con ganas de isla desierta, una máquina de *pinball,* mi colección de discos, un albornoz para después de la ducha, una caja de preservativos también marca ACME, un traje de agua por si llueve, una peineta, una brújula y un yate de ochenta metros y veinte camarotes por si algún día me quiero marchar. Creo que no me he dejado nada.

—«¿Cuál es tu canción preferida de Jarabe de Palo?»

¡Bufff! ¡Qué pereza! ¿Y qué más da? Lo importante es cuál es tu canción preferida, no la mía. Ningún músico o compositor tiene una canción preferida. De otros artistas sí, pero de uno mismo... ¡Pues yo qué sé! Cualquiera. O todas. La que más rabia te dé. Nunca he respondido a esta pregunta, porque no me sé la respuesta. Lo sabría si solo hubiera escrito una canción, pero no es el caso. O si hubiera escrito *Heroes,* pero tampoco es el caso, porque la compuso David Bowie.

—«¿Quién es el modisto que te viste?» (En la alfombra roja de los Premios Grammy.)

Al oír la pregunta miré hacia los lados, para cerciorarme de que me la estaban haciendo a mí. Entonces le dije a quien me la hizo: «Pero estos son unos premios musicales, ¿no te habrás equivocado de evento?». De lo que seguro que se equivocó fue de artista. Preguntarme a mí, el tipo peor vestido y despeinado de la alfombra roja, quién me vestía... Pregúntame de música y te contesto, pero si quieres saber de trapitos búscate algún loro que, como tú, creen que lo de la música va de famoseo y mamoneo. Aquí el personal se dedica a hacer o interpretar canciones. Y el que no, como tú, se ha equivocado de sitio.

Pero, ojo, no todo son preguntas malas o absurdas, también las hay buenas. La mejor que me han hecho en estos veinte años ha sido:

—«¿TIENES PLAN PARA CENAR ESTA NOCHE?»

Estábamos en Atlanta y acudimos a la cadena CNN para que me entrevistasen en uno de los programas más importantes de televisión de Estados Unidos, y la periodista, Melany, las cosas como son, estaba de muy buen ver. De muy buen ver no, estaba tremenda. La cosa fue muy bien y enseguida conectamos, así que cuando terminó la entrevista, y ya fuera de micro, me pregunta:

—¿Vas a estar muchos días en Atlanta, Pau?

—Pues por desgracia no, mañana por la mañana nos vamos.

—¿Y tienes plan para cenar esta noche?

—De momento no. ¿Se te ocurre algo?

—Que te invito a cenar, y así conoces un poco la ciudad.

—Tú invitas y yo pago.

Fuimos a cenar al mejor restaurante de Atlanta, y después me llevó a los clubs más divertidos de la ciudad. Lo pasamos en grande: reímos, bailamos… y a última hora me invitó a su casa, un lujoso apartamento en el edificio más alto del *downtown*. No os cuento más, pero no faltó de nada. ¡Qué noche, qué fiesta, qué entrevista!

¡Bip-bip-bip-bip…! Joder, son las nueve, me he vuelto a quedar dormido. Vaya sueño que he tenido, soñaba que hacía una entrevista en la CNN con una presentadora. ¡Menudo bombón! Me hacía la pregunta soñada, esa que nunca nadie me ha hecho, luego me invitaba a cenar, nos íbamos de marcha y, para finalizar, acabábamos en su casa y hacíamos el amor. ¡Ufff, qué pasada de sueño! No recuerdo cómo se llamaba ella… ¿Melany puede ser?

13.
UNO ES COMO ES Y NO HAY MÁS DE LO QUE VES

Tengo poderosos motivos para haber sido un chaval con muy poca autoestima. La dislexia y la hiperactividad provocaban en mis compañeros un cierto sentimiento de rechazo que yo combatía a base de mamporrazos. También notaba ese rechazo entre los profesores (entre los cuales nunca repartí ninguna torta, faltaría más), pero especialmente en uno. El muy cabrón me amargó la existencia durante tres años, de los 10 a los 13. Llegaba al colegio y solo el percibir el olor de su colonia (Vetiver, de Puig) ya me ponía malo. Ahorraré los detalles, pero cuando alcancé el momento de cambiar del colegio al instituto, aparte de recordar a mis padres que me cambiaran de centro, él me dijo lo siguiente: «Donés, eres un cero a la izquierda, en la vida no servirás para nada, como para nada sirves ahora». Fuerte, ¿no? Decirle eso a un chaval de trece años, que ya tiene suficientes problemas para leer, escribir y relacionarse, no es de cabrón, es de hijo de puta. Como para arruinarle la vida a ese joven para siempre.

Pero no me la arruinó, sino todo lo contrario: «¿Que no voy a servir para nada? Pues mira, voy a tirar *pa'lante*, mamón, solo para joderte».

Pasaron los años. Grabamos un disco y nos nominaron a un Premio Ondas, galardón muy prestigioso que la Cadena Ser de Barcelona entrega en esa ciudad. Entre las actividades programadas había una visita al Palau de la Generalitat, y en estas que me presentan al president Jordi Pujol. Mientras estoy conversando con él veo que se acerca alguien, como gesticulando con los brazos, se dirige a mí y me dice: «¡Hombre, Donés! ¡Qué alegría, qué contento estoy de verte!». Habían pasado veinte años, pero no me había olvidado ni de su cara ni de su voz, ni mucho menos de su puta colonia. Era ese «pedagogo» que tanto me había despreciado cuando yo era un chiquillo. Me ofreció la mano, la cual rechacé, y delante del president le contesté: «Pues ya lo ves, aquí estoy, a pesar de ti. Este es el resultado del maltrato que me dispensaste cuando era niño. Hoy recojo un Ondas, que no voy a compartir contigo. Y perdona, pero a esta conversación no estás invitado». «Contento de verte», me respondió él. Pues yo no. El daño que podría hacerme si en ese momento yo no hubiera sido fuerte... Quiso destrozar mi autoestima, pero no me dejé.

Los premios se entregaban por la tarde, así que en un rato libre que había entre la comida y el evento me fui a visitar a un amigo. Un tipo extraordinario, con un talento enorme. Buena persona, buen amigo y gran librepensador. Hacía mucho que no lo veía y me alegré mucho del encuentro. Me recibió en su casa, nos abrazamos, nos besamos y nos sentamos a conversar. Teníamos mucho que contarnos, pero enseguida me di cuenta de que en las muñecas tenía dos cicatrices. Le pregunté si le había pasado algo, aunque estaba claro el qué: había intentado suicidarse cortándose las venas. ¿Por qué? Un tipo tan estupendo, tan listo, tan genial... Muy fácil. No se quería, tenía la autoestima por los suelos. ¡Joder!

Tener autoestima en los tiempos que corren no es fácil. Cuando eres niño has de ser el mejor jugando al fútbol, el que saque las mejores notas, el que tenga más novietas. En la adolescencia el más alto, el más guapo, el más *enrollao*, el más simpático, el que mejor viste, el mejor hijo. En el trabajo el más pelota, el más competitivo, el más agresivo, el que obtenga mejores resultados. Y en casa el mejor padre, el mejor marido, el mejor amante, el que tenga el mejor coche y la mejor casa. Menuda presión, porque el mejor en todo no se puede ser. Además, si no lo eres, ¿cuál es el problema? En realidad no pasa nada. Todos tenemos cosas buenas y cosas no tan buenas. El éxito y el fracaso son muy relativos, y tan necesarios son el uno como el otro. Después están los parásitos, que son toda esa chusma de gente que te chupan la energía para sentirse mejor. Son los ladrones de autoestima ajena. Ojo con esa raza, que aunque son pocos haberla hayla.

En fin, queridos, querámonos un poquito, pero a nosotros mismos. No nos exijamos tanto porque tampoco hace falta. No hay que gustar a todo el mundo, ni ser el más listo, ni el más guay, las comparaciones nunca fueron buenas. Con ser como somos es suficiente, porque todos valemos mucho.

Y al que no le guste, que no mire.

Tú mandas

Hay la teoría que demuestra
que la vida es una apuesta
que ganamos al nacer,
que de nada sirve acojonarse
cuando todo es un desastre
y la suerte te abandona.

Hay el argumento que sostiene
que la vida es el presente,
que no hay nada que perder,
que de nada sirve arrugarse
cuando todo lo que haces
no sucede como esperas.

Tú, tú mandas,
si sigues o te plantas,
tú eliges,
las reglas las decides
tú, tú mandas,
tu historia la decides tú.

Tú, tú mandas,
si esperas o te lanzas,
tú eliges,
los límites los pones
tú, tú mandas,
tu vida la decides tú.

Hay la teoría que demuestra
que la vida es una fiesta
que no te puedes perder,
que cualquier momento es buen momento
para empezar de nuevo
cuando todo es una mierda.

Hay el argumento que sostiene
que no hay vida tras la muerte,
que hay que ver para creer,

que la libertad te da la vida
y el amor la energía
para que nada te detenga.

Tú, tú mandas,
si sigues o te plantas,
tú eliges,
las reglas las decides
tú, tú mandas,
tu historia la decides tú.

Tú, tú mandas,
si esperas o te lanzas,
tú eliges,
los límites los pones
tú, tú mandas,
tu vida la decides tú.

Hay la teoría que demuestra
que la vida no es perfecta,
que cualquier momento es buen momento
para empezar de nuevo,
que tu vida la decides tú.

14.
LA TEORÍA DE LA CREATIVIDAD

Me causa sorpresa cuando alguien me dice que los artistas tenemos un don especial. Me sorprende porque, una de dos, o todos somos especiales o en el asunto de la creatividad todos somos normales. Y es que cualquiera de nosotros tiene una parte creativa, solo es cuestión de saber cuál es y desarrollarla.

A mí me ha tocado la música. De pequeño mi madre se dio cuenta de que, si ponía música, el mono (o sea, yo) que tenía en casa se calmaba. Bajaba del armario de la cocina, me acercaba al tocadiscos y me quedaba horas escuchando los sonidos que salían del aparato. Mi hermano Marc, por ejemplo, dibuja muy bien. Ya desde enano tenía un increíble sentido del espacio, una gran capacidad de reproducir con el lápiz todo lo que veía: las formas, los colores… Lo hacía muy bien. En cambio, yo para el dibujo siempre he sido un absoluto negado. ¿Es que no soy creativo? Sí, lo soy, pero en lo mío.

Digamos que la creatividad tiene que ver con tres cosas: las aptitudes naturales, el talento y la inspiración. Para ser músico necesitas poseer un cierto sentido del tempo (llamémosle ritmo) y de la afinación, o sea, aptitudes naturales. El talento tiene que ver con la facilidad que posees para tocar instrumentos, para aprender. Hay quien aprende deprisa, hay quien lo hace más despacio y hay quien simplemente no aprende. No pasa nada, la profesión de músico también tiene sus inconvenientes. Marc, que dibuja como los ángeles, no afina ni a tiros. Y por último, llegamos al asunto de la inspiración, y aquí está el quid de la cuestión. Le preguntaron a Picasso (de nombre Pablo, por cierto) cuándo le venía la inspiración, y contestó rápido y contundente: «La inspiración no sé bien cuándo me viene, pero cuándo lo haga que me pille en el estudio pintando». El mensaje está clarísimo: ¿que la inspiración, tan necesaria para pintar o escribir canciones, en mi caso, viene cuando estás colgado de la parra? Falso. ¿Que hay gente que está tocada por el duende y que por eso son tan buenos músicos? Falso (que le hubieran preguntado al maestro Paco de Lucía, que pasó gran parte de su infancia encerrado en una habitación escala *p'arriba*, escala *p'abajo*, diez horas al día, o a Michael Jackson, o a Prince...). La inspiración surge del trabajo, de las horas que pasas en el estudio dándole vueltas a la cabeza.

Insisto: todo el mundo tiene su parte creativa, sus cualidades, su talento. Lo único que hace falta es buscar la inspiración, que no se encuentra de otra manera sino metiéndole horas al asunto. Pero imaginaos qué lujo, ¿no? Meterle horas a algo que te gusta.

Por otro lado, la creatividad no solo se manifiesta a través de expresiones artísticas. Digamos que el arte es una parte, pero hay muchísimas otras formas: en los negocios, en la cocina, en la investigación, en el deporte y en tantas y tantas facetas de la vida donde haya que usar un mínimo la cabeza.

Con todo esto quiero decir que, si querías ser restaurador de muebles, ¿qué cojones haces trabajando en un banco? A mí que nadie me venga con el cuento ese de que los músicos estamos tocados por una varita. Como todos. Y el que te venda esa idea es que seguramente no tiene ningún tipo de talento para lo que hace. En nuestro mundo ocurre, no hay muchos, pero de vez en cuando te encuentras con el típico papanatas que va de músico molón pero que, como no tiene ni puta idea, se ha montado ese personaje excéntrico-bohemio-raro para dar el pego. Suele ser gente bastante impresentable, desagradable, en la onda de los divos, y lo tienen que hacer para disimular su falta de talento.

También ocurre bastante en el mundo del cine, en el de la pintura, en el de la publicidad... ¡Vaya fauna! En mi experiencia, y he conocido a bastante gente dentro del mundillo de la música, a los talentosos no les hace falta todo este paripé. Son personas muy normales que escriben, tocan, cantan muy bien, pero no porque nacieran con un don, sino porque le han metido muchas horas a lo suyo, y por eso son tan buenos y no necesitan justificarse ante nadie.

Así que ese cuento de que solo unos elegidos tienen el don de ser creativos, *ná de ná*. ¡Creatividad al poder! El mundo es de las buenas ideas..., pero cuando venga la inspiración, que me pille en el estudio tocando.

15.
LOVE & HATE: LA PAREJA

¿Vosotros creéis en la pareja? Porque yo no. Cuando una pareja de amigos se casa siempre compro dos trajes y dos regalos; uno es para cuando se casan y el otro para cuando se separan. Creo que he asistido a tantas bodas como divorcios. Con permiso de aquellos que vieron muchas películas de Disney, y sabiendo que esta es una afirmación que va a provocar cierta polémica, os digo que la pareja es el cementerio del amor.

«¿Hola, qué tal? Mira, te presento a mi pareja. Pau, Julián; Julián, te presento a Pau.» ¡Malas cartas!, tantas como en una partida de póker tener un jardín. Desde mi punto de vista es erróneo pensar que pareja es sinónimo de amor. O mejor al revés, que para estar enamorado hay que tener pareja. O, dicho de otro modo, que la pareja es la plataforma indispensable para vivir enamorado. Error.

En mi caso nunca ha funcionado. Puedo haber

sido un buen amigo, un buen compañero, incluso algunos días hasta un buen amante, pero como pareja he sido un desastre total y absoluto.

Será que nunca he entendido las reglas, pero es que cuando al amor se le ponen reglas, mal asunto. Supongamos por ejemplo que conoces a una chica y te enamoras platónicamente de ella. Esa mujer a la que nunca le habías prestado una atención especial se convierte, en un abrir y cerrar de ojos, en tu musa, tu amor, tu vida, tu diosa. No hay nada más importante en el mundo que su presencia. No puedes vivir sin ella, no puedes pensar sino en ella. Te la llevarías al trabajo, al fútbol, al barbero, de fiesta con los colegas... Vamos, que no te despegarías de ella ni para ir al baño, es un decir. Resulta que ella siente lo mismo por ti, con lo que inicias una relación en la que todo es perfecto. ¡Ojalá el tiempo no pasara! ¡Ojalá este amor no se acabara nunca!

Pero se acaba. Llega ese horroroso y fatídico día en que tu heroína, que a tus ojos se ha convertido en bruja, te dice: «Tenemos que hablar». Y tú, que has pasado de príncipe azul a patán insoportable, agachas la cabeza porque sabes que vienen malas cartas, y respondes: «Pero... ¿por qué? ¿Qué es lo que ocurre?». Porque si solo te sucede una vez, pues mira, pero es que ya has tenido veinte musas y con todas has acabado igual de mal.

En las parejas hay algo que no funciona, y diría que el asunto reside en una serie de vínculos extraños, de obligaciones supuestas, de intereses ocultos. En general no sabemos convivir. Vamos a lo nuestro, pensamos solo en nosotros. Queremos las cosas a nuestro gusto sin pensar en que a lo mejor el otro las ve de otra manera. Queremos cambiar a nuestra pareja sin importarnos cómo es realmente. Mi príncipe azul sí, pero del azul que a mí me gusta. Es como que de repente pasas de ser un ídolo a un objeto. Un objeto que antes gustaba mucho, pero al que poco a poco, con la convivencia, le han ido saliendo defectos que inexorablemente con el tiempo tu pareja va a intentar corregir, pero a su manera.

Ahí empiezan los problemas. Yo, que por ser tu pareja te poseo, voy a cambiar todas las cosas que no me gustan de ti, que por cierto cada vez son más: posesión, exclusividad, celos, desconfianza, enfados, cabreos, castigo, incomunicación, sexo escaso y, al final, aburrimiento. De ser compañeros pasáis a ser enemigos y no te has dado ni cuenta.

Porque parejas aburridas he conocido muchas: del amor se pasa a los pactos de convivencia, después a la falta de comunicación y, finalmente, al tedio, a consecuencia del cual la pareja se rompe, y el que paga el pato es el amor. Cuando la cosa va de matrimonio entonces el descalabro acostumbra a ser todavía peor, porque ahí entra en juego el dinero y algo más escabroso si cabe: el qué dirán.

¿Por qué se casará la gente? Hay parejas que viven juntas pero duermen en camas separadas, incluso en habitaciones separadas; hay personas estupendas que antes eran los mejores amigos pero que ahora no se aguantan ni se hablan, incluso se odian. Los hijos, la familia, el círculo social, las apariencias, el dinero, el patético mundo de los engaños y las relaciones extramatrimoniales (los amantes, vamos). ¿Cómo se puede vivir con esa presión, con ese mal rollo, con esa infelicidad? No digo que siempre sea así, pero sí que son muchos los casos.

Y digo yo que, viendo lo visto, ¿tenemos claro lo de la pareja? ¿Será que el rol de las mujeres y los hombres en el siglo XXI ha cambiado y sin embargo no lo ha hecho la figura de la pareja tal y como mandan los cánones que la sociedad establece como correctos?

Mi abuela Isabel vivió siendo uña y carne con mi abuelo Ramón hasta el día que ella falleció. Cuando la yaya se fue, el abuelo decidió que sin ella ya no quería vivir, y a los tres años también nos abandonó. Nunca los vi discutir. Mi abuela gobernaba el barco y Ramón, solo cuando era estrictamente necesario, intervenía. Un día le pregunté al yayo que cómo lo había hecho para querer tanto a la abuela, y me respondió lo siguiente: «Antes, cuando se nos estropeaba el carro de las mulas, bajábamos al herrero y hacíamos lo imposible para arreglarlo. Ahora, cuando se estropea el tractor, vas y lo cambias por otro». ¡Error!

𝍸 Fin

Me has parado el corazón,
borrado la sonrisa
que a tu antojo
dibujaste en mi cara.

Arrasaste con mi vida,
te olvidaste de quién era
justo el día en que me diste
la boca.

Fin, fin, fin...

Se ha esfumado de mi coco tu presencia,
borrado el tatuaje
que a fuego te recordaba en mi pecho...
Borrado para siempre.
Te he tachado de mi vida y de mi agenda,
quemado la bandera
que en mi cama ondeaba tu nombre.

Fin, fin, fin... Olvídate de mí.

Se acabó, por fin llegó el momento,
los «lo siento», los «te quiero»,
sin sentirlo ni quererlo
acabaron mal.

Brindemos por ti y los viejos tiempos.
Ya te escribí una canción,
ya me pediste perdón,
qué más queda en la chistera de tu amor a cara perro.

Fotos sin color,
palabras sin aliento,
miradas sin amor,
quererse sin quererlo...

Fin, fin, fin...

16.
CON OCHO BASTA: LA FAMILIA

Con ocho basta era una serie que emitían cuando en España solo había dos canales de televisión (TVE1 y TVE2). La trama era la historia de una familia *made in USA* con ocho hijos: imaginaos la de líos que se formaban, aunque como buena serie americana que era, al final del capítulo siempre eran felices y comían perdices (en su caso hamburguesas con patatas fritas y kétchup).

La madre de mi hija y yo nos separamos cuando la niña tenía apenas dos años. No es fácil mantener una relación con un tipo que pasa una media de ocho meses al año fuera de casa y que, cuando está, ocupa la mayor parte del día pensando en las musarañas; «¿Aquí qué le va bien, un Do# o un La7?». Finalmente renunciamos a nuestra relación amorosa, no a la familiar, porque, aunque como pareja el asunto no funcionase (la pareja es el cementerio del amor), no significaba que tuviéramos que renunciar a la familia, con lo que nos había costado forjarla y la de cosas buenas que habíamos construido (una hija, por ejemplo).

Con el tiempo fuimos recomponiendo el tema hasta llegar a organizarnos bastante bien, pero con Sara, mi hija, fue diferente. Durante dos años pagué un precio muy alto por la separación: cuando volvía de mis viajes lo primero que hacía era ir a buscarla al colegio, y para mí era como la primera cita con la novia que más quieres en el mundo. Después de dos meses sin verla lo único que quería era recoger a mi princesa a la salida del cole, abrazarla y besarla fortísimo, para después ir a la pastelería a atiborrarnos de chocolate. Ella salía muy contenta, jugando con sus amigas, pero cuando me veía se ponía superseria y no quería venir conmigo: «Quiero ir a casa de la mama». Entonces, cuando llegábamos a mi casa, se tumbaba bocabajo en el sofá y era capaz de pasar dos horas sin decirme ni pío.

Con cuatro años, bajando un día del colegio para casa, Sara va y me dice: «Papi, ¿sabes por qué cuando venías a buscarme después de tus viajes siempre estaba enfadada? Porque pensaba que nos habías abandonado». ¿Fuerte, no? Tan pequeña y con ese sentimiento. Lo que no sabía es que eso, en mi caso, es imposible que suceda porque, para mí, la familia es lo más importante, el núcleo de mi vida, lo que me da seguridad y me hace ser valiente en los momentos difíciles. Abandonar a uno de los míos, ¡nunca!

Cuando vivíamos todos en casa de padre, los fines de semana esta se llenaba de amigos. Un día le pregunté a uno de ellos, que cada sábado tenía por costumbre presentarse después de comer y quedarse hasta el domingo, por qué nunca pasaba los sábados por la tarde en su casa, y me contestó que porque en la nuestra se sentía en familia, no como en la suya.

Hay muchas formas de organizar una familia. Estamos en el siglo XXI y los roles, tanto de la mujer como del hombre, han cambiado mucho. La mujer ya no es la que espera a que el hombre llegue a casa con la paga, y los hombres tienen otras aspiraciones más allá de trabajar de sol a sol para mantener a la parentela. Lo importante es que corra el amor a raudales. Lo importante es la calidad, no la cantidad.

Mi familia es mi hija, su madre, mis hermanos, mis tíos, mis amigos. En definitiva, la gente a la que quiero de verdad. Personas a las que nunca abandonaría por nada del mundo, como sé que ellas no me abandonarían a mí.

Aunque nací en una familia cristiana, y a pesar de haber chupado catequesis durante muchos años, hubo un hecho que hizo que el castillo de naipes de la doctrina familiar católica se desmoronara en un instante.

Era un sábado de verano y hacía una noche estupenda, con una tremenda luna en el cielo. Tendría yo unos veinte o veintiún años y por aquel entonces solíamos acabar las juergas de fin de semana bebiendo unas cervezas en el rompeolas de Barcelona, un destino muy concurrido por las parejas de amantes que gustaban de quererse mirando al mar a coste cero (vamos, las que no utilizan «muebles» para sus pesquisas amatorias). Estábamos con mi hermano Marc sentados en una roca cuando de un coche vemos salir a una pareja. Pues cuál fue nuestra sorpresa cuando descubrimos que el hombre era un conocido de nuestros padres, uno de esos del grupo de amigos católicos con los que los domingos íbamos a misa (de hecho, uno de sus hijos hacía catequesis conmigo). ¡Qué fuerte! Porque, como os podréis imaginar, la chica no tenía nada que ver con su mujer, sino todo lo contrario: parecía por lo menos treinta años más joven que él y, en fin, para qué dar más detalles.

La familia cristiana: el padre, la madre, los hijos. Un *wonderworld* bendecido por Dios todopoderoso que en un segundo se había desmoronado por completo. Qué hipocresía, una de las familias más felices (en apariencia) de la comunidad y el padre se follaba a su joven amante en el rompeolas mientras los domingos en misa le daba la paz a su mujer mirándola a los ojos con cara de papa frita.

En mi familia no hay mentiras. El amor y el respeto son lo principal. Y claro que hay cabreos y desavenencias, pero nos queremos mucho. Y quién sabe si con los años, cuando en el futuro nos juntemos para Navidad, yo habré tenido tres hijos con otra mujer, y mi hermana se habrá vuelto lesbiana y vendrá con su esposa y los dos hijos de ella, y mi hija se habrá separado tres veces y tenga hijos de los dos primeros matrimonios y se presente con los de su compañero del momento y uno de los ex anteriores. ¡Yo qué sé! Lo que sí sé es que todos serán bienvenidos, y seremos felices y comeremos perdices (que no hamburguesas con papas fritas y kétchup), porque entre nosotros nos querremos mucho.

¿Familia? Sí, gracias. Y cuanta más, mejor.

17.
HOY TENGO UN MAL DÍA

Hoy tengo un día de mierda. Me he despertado con el pie izquierdo, aunque bien pensado tengo mis razones para estar así. Hoy no salgo de casa, me voy a quedar en la cama. No, en la cama no, que me gusta, voy a sentarme en la silla que tengo al lado de la ventana, y me dedicaré a observar el día oscuro y gris que este frío mes de marzo me tenía preparado. Me acordaré de los seres queridos que ahora me faltan, pensaré en aquel día en que Polette me abandonó por otro. ¿Por qué? ¿Qué no funcionó? ¿Qué hicimos mal? Bueno, qué hicimos mal no, ¿qué hice mal? Con lo bien que estábamos juntos, con la de planes que habíamos hecho, con lo felices que habríamos sido si no se hubiera enamorado de ese cabrón del Ferrari rojo que tan vilmente me la robó. Hoy no pienso quitarme el pijama. Ni me lavaré los dientes ni me ducharé. Tampoco contestaré al teléfono, porque estoy de mal humor y no quiero hablar con nadie.

Hoy tampoco quiero ser músico, ni novio, ni poeta, ni amante. Bajaré al estudio y escribiré la canción más *cortavenas* que te puedas imaginar. Y cuando acabe pondré el DVD de una de mis películas tristes favoritas, *De óxido y hueso*, donde sale una de mis actrices también favoritas, Marion Cotillard, con quien me habría casado si en algún momento la hubiera conocido, cosa que desgraciadamente nunca sucedió. Pienso estar dos horas llorando a lágrima viva. Al acabar pondré algo de música, triste, claro está, por ejemplo, algo de John Mayer, *Gravity* o *Slow Dancing in a Burning Room*, o algo de Citizen Cope, *Sideways*. ¡Tristísima! Luego volveré a la habitación y me sentaré de nuevo en la butaca, continuaré mirando por la ventana y alimentando el bajonazo que llevo.

Me he quedado dormido. Son las tres de la tarde y ni he visto la película, ni he escuchado a Citizen Cope ni he escrito la canción. ¡Qué burro soy! Creo que voy a comer algo, una ensalada o algo así. Pero sin tomate, ni rabanitos, ni zanahorias, ni ninguna hortaliza de colores que me pueda alegrar el día. Miro el móvil por si me ha escrito o llamado alguien. ¡Joder!, me gustaría que estuviera a tope de llamadas perdidas, porque eso querría decir que hay mucha gente que se acuerda de mí y entonces aún me sentiría más desgraciado. Pero ni una llamada, ni un mensaje... Vaya mierda.

Sigue lloviendo. Me voy al estudio. Creo tener un buen *mood* para escribir algo en la onda melancólica. Lo haré con el piano, porque aparte de que no tengo ni puta idea de cómo se toca, ese tipo de canciones me suelen quedar bien así. ¿El tema? El desamor, para acabar de hundirme en la miseria. Con acordarme de Polette y el gilipollas del Ferrari tengo bastante.

Llevo un par de horas en el estudio y no he escrito nada, solo cuatro frases bastante malas. No creo que nunca lleguen a canción:

Busco un refugio, en el camino,
donde a solas pasen las horas y tenga sentido.
Ven a mi cama, duerme conmigo,
entra en mis sueños porque hace tiempo que te he perdido.

Está claro que hoy tampoco sirvo para compositor. Me he quedado colgado delante de la cristalera del estudio viendo cómo llueve. Había un pajarito mojándose en la rama de un árbol. Por un momento he pensado que era yo. De repente ha llegado otro pajarito, o sería pajarita, porque le ha dado un par de piquitos y los dos se han ido volando, cantando bajo la lluvia.

Mierda, qué dichosos se los veía. Me he acordado de Marion Cotillard y de la película y me he puesto a llorar otra vez, tanto que parecía el pajarito empapado del árbol. Tanto he llorado que se ha mojado el piano y se ha estropeado. Qué desastre. Pensando en Marion me han entrado unas ganas tremendas de llamar a Polette, que también es francesa, para pedirle perdón por todo. A lo mejor se lo piensa y vuelve conmigo. ¡La voy a llamar! ¡Con un par de cojones!

—*Ruuuup-ruuuup-ruuuup...*

—*Allo, comment ça va, mon chéri?*

—*Allo, Polette, je suis Pa...*

—*Je suis le répondeur automatique du Polette Truffó. Laissez votre message après le bip.*

¡Joder, el puto contestador!

En fin, desisto. Mejor me voy a la cama que mañana será otro día. Lo bueno es que seguro que será mejor que hoy. Todo lo que baja, sube.

Por si hay alguien escuchando a este pobre desgraciado, buenas noches.

P. D. ¡Me cago en la leche, lo que me faltaba! *Koldo* (el gato de la casa) se ha vuelto a mear en mi cama. Tendré que dormir en la butaca de delante de la ventana. Está claro que hoy no es mi día.

18.
¿ALGUIEN SABE CÓMO SE PARA ESTO?: LA VASECTOMÍA CEREBRAL

El otro día estuve comiendo con un amigo más joven que yo, que tiene tres hijos con dos mujeres distintas. Mira que se lo dijimos los colegas: «No te vuelvas a casar. Te acabas de comer un marrón de mil pares de cojones y te vas a liar con un bicho que te va a volver loco», pero el amor es ciego y mi amigo muy enamoradizo, qué le vamos a hacer. Total, que se casó con el bicho y se comió el marrón de la separación por segunda vez, después de lo cual decidió hacerse la vasectomía. Pues entre el segundo plato y el postre me dice que está superenamorado otra vez. ¡Cagada! Y que se está planteando seriamente hacerse una vasovasostomía, es decir, deshacer la vasectomía.

Dicen que a partir de los cincuenta hay que hacerse una vasectomía por si acaso, no sé, pregúntenselo a mi amigo. Lo que tengo claro es que a mí me iría muy bien una, pero vasectomía cerebral. O que me sobreviniera la menopausia masculina, a ver si por fin empiezo a pensar y a comportarme de manera razonable.

Sí, ya sé que en el cerebro lo que tenemos son neuronas, pero es que a veces me va tan deprisa que tengo la sensación de que por mi cabeza lo que corren son espermatozoides, que se deslizan veloces llevando y trayendo información del tálamo al hipotálamo, pasando por el cerebelo y mandándola a toda velocidad a mi cuerpo a través de la médula espinal. Y lo de los espermatozoides no lo digo porque esté todo el día pensando en el sexo (me refiero a lo de los espermatozoides cerebrales), es porque estoy todo el tiempo pensando, pero en millones de cosas. Mi cerebro solo se desocupa cuando voy al cine o a un concierto, o cuando como pipas, pero es que creo que ni durmiendo paro de maquinar. Hay días en los que me levanto mucho más cansado de lo que me fui a la cama. He dormido bien, pero, chico, no hay manera de aflojar el ritmo neuronal.

Por poner un ejemplo, esta semana me he fabricado un invernadero. Empecé pensando en montar un chamizo sencillito y cubrirlo con un plástico transparente, como suele hacerse, pero enseguida comencé a darle a la cabeza. Si lo hacía en forma de tienda de campaña desaguaría mejor; en vez de plástico transparente mejor anaranjado, así a las plantas les parecería que la luz es primaveral y crecerían más rápido; para ventilar le haría un par de ventanas, pero entonces igual el viento se lo llevaba, con que mejor anclarlo bien al suelo con un sistema de piquetas con gancho de seguridad que me inventé; para regar lo mejor es el agua de lluvia, así que diseñé un aparejo que se activaba por infrarrojos al detectar el agua en el exterior y que cuando llovía abría el techo del invernadero para que pudiera entrar el agua de lluvia; para cuando no lloviera alimentaría las plantas con el sistema tradicional, por riego; aunque bien pensado, unos tubos de riego automático serían más eficientes; pero en el invernadero no hay agua donde conectar los tubos, ¡no hay problema!, haría una zanja en el jardín y así llevaría las tuberías de agua desde casa hasta el lugar, y de paso unos tubos con corriente eléctrica, porque dicen que a las plantas les gusta la música clásica; además así también podría instalar un sistema de seguridad y una alarma perimetral por si viniesen los conejos a comerse las kalanchoes; pero antes que todo habría que preparar la tierra: el abono mejor traerlo de Perú, porque dicen que las cacas de las llamas son el mejor abono; y tendría que arar la tierra: un tractor motocultor sería lo mejor, pero ¿cómo meterlo dentro?, ¡ya está, con un dron!, abriendo el techo con el sistema de apertura especial para lluvia e introduciendo el tractor por arriba; y respecto a la decoración, porque molaría darle un toque *hippioso*, con colores extravagantes, y a lo mejor ponerle una butaca molona, para ir de vez en cuando a hacerles compañía a las plantitas y de paso tocarles una canción.

Menos mal que finalmente me calmé y aflojé el ritmo, porque si no más que un invernadero hubiera parecido una nave de la NASA. Y lo peor es que todo esto lo pensé en menos de treinta segundos. Ya os lo decía yo, en el cerebro debo de tener espermatozoides en vez de neuronas, porque, salvo que algún neurólogo diga lo contrario, esto no es normal.

Tengo que parar de pensar. La última vez que fui a un psiquiatra lo volví loco. No puede ser que vea una mosca y me entren las ganas de diseñar unas alas para ponerme a volar. Llevo cincuenta años con las revoluciones a tope y ya va siendo hora de que esto se pare, ¿no? Porque además el cuerpo no tiene la culpa de albergar un cabezón como este. A lo mejor le gustaría dormir más horas, hacerse una siestita después de comer, levantarse por la mañana sin salir disparado de la cama… Hace como unos quince años escribí una canción, que nunca terminé, en la que ya levantaba la mano para pedirle un respiro a mi cerebro. Empezaba así:

Hoy dejo de pensar
y me dejo llevar por lo que me pida el cuerpo.
Me olvidaré de lo que pienso,
me regalaré a los sueños.

Mmm, no quiero pensar más.
Hacia delante, hacia atrás me dejo llevar.
Uhhh, me pongo a cero.
Uhhh, desconecto.

¿Os cuento cómo hice la otra noche el pastel de cumpleaños de mi hija? Mejor no, pero sí os digo que al final, más que de cumpleaños, parecía un pastel de boda. Cuatro pisos de tarta con merengue a cascoporro y un belén en la tercera planta.

Lo dicho, necesito una vasectomía cerebral.

19
«¡DONÉS, FUERA DE CLASE!»: LA MALA EDUCACIÓN

«¡Donés, fuera de clase!» De mi paso por la escuela creo que esa fue la frase que mejor aprendí. En el colegio lo pasé bastante mal. Bueno, en los colegios, porque contando deprisa me salen siete desde parvulario hasta 1.º de BUP (el actual 3.º de ESO).

«¡Donés, baja de la nube!» ¿Que me baje de la nube? ¿Por qué? Me encantaba mirar por la ventana y ver cómo eran y hacia dónde se dirigían las nubes. Si se cruzaban, si se juntaban, si subían, si bajaban, si hacían guerras entre ellas... ¿Y las formas que tenían? De ballena, de máquina de tren, de barco pirata. Era mucho más divertido que repasar en la pizarra los ríos de España, os lo aseguro. ¿No hubiera sido mejor preguntarme qué era lo que veía en las nubes? A lo mejor hubiera sido más provechoso. ¿O es que todos los niños somos iguales?

«¡Donés, deja de hacer dibujitos y atiende!» Si hago dibujitos y no atiendo es porque no me interesa lo que me estás contando, ni a mí ni a la mayoría. Entonces, una de dos: o es que me lo estás contando mal (con los niños hay que tener fantasía), o es que a lo mejor me tendrías que contar otra cosa que despertara mi curiosidad y, por tanto, mi atención. Pero no, los niños a pasar por el tubo, porque los planes de Educación están para cumplirlos, aunque sean de la era del Jurásico. ¿Alguien sabe quién elabora los planes de Educación? Y cuando se hacen, ¿hay niños en el consejo de sabios? Porque si no los hay, deberían estar. Al fin y al cabo, esos planes se diseñan para ellos, ¿no?

En fin, el sistema educativo: ¿cómo se puede tener a un niño de diez años sentado ocho horas en una silla? A esa edad estamos diseñados para jugar, para correr, para gritar, para empezar a descubrir el mundo y a nosotros mismos. No para estudiar Matemáticas, no para memorizar los ríos de España, y mucho menos para saber que las mitocondrias sirven a las plantas para alimentarse. Mucho mejor saber, por ejemplo, cómo huelen, los colores que las caracterizan, las formas que muestran e incluso sus propiedades medicinales si las tienen.

Y otra cosa: ¿hay alguna madre o padre que a las siete de la mañana de un martes, por poner un ejemplo, se haya encontrado a su niño despierto-duchado-peinado-vestido y a punto para ir al colegio con una sonrisa de oreja a oreja? Seguro que no. Los niños, por naturaleza, a las siete de la mañana tienen sueño y duermen, en general a esa hora profundamente. Pues ¿por qué los despertamos? ¿Por qué no les dejamos dormir, tal y como marcan las leyes naturales con las que han sido diseñados?

Cuán importantes son los profesores y cuántas vocaciones han arruinado. Recuerdo en quinto de carrera la asignatura de Teoría de los Conjuntos Borrosos, que venía a decir, más o menos, que los números no son exactos, sino una aproximación triangular entre su anterior y su posterior. ¿Me siguen? No, ¿verdad? ¿A quién le puede interesar semejante chorrada? ¡Un auténtico peñazo! Nos daba la asignatura un joven profesor que ya tenía suficiente trabajo para entender esa *cafrada* como para hacer que la entendiéramos nosotros. Pero no pasaba nada, porque el problema del examen era uno idéntico a los que figuraban en el libro de texto, y este, el original, sí podías tenerlo durante el examen, así que lo copiabas y aprobabas. La trampa era que esos libros había que comprarlos (costaban casi tanto como la matrícula de la asignatura) y, mira tú por dónde: ¿quién los había escrito? El catedrático de la asignatura. ¡Vaya huevos! Por supuesto, desde que salí de la universidad esa teoría no me ha servido para nada, ni a mí ni al 99 % de los alumnos que la sufrimos, por no decir el 100 %.

Otra cosa bien distinta es el caso del profesor Lorenzo o el del profesor Sistach.

Lorenzo era el profe de gimnasia que tuve de los diez a los trece años. Un *crack*. No sé si os podéis hacer a la idea de lo que es tener en clase de gimnasia a cuarenta niños que vienen de estar cinco días sentados en una silla. Aquello no eran niños, ¡eran gremlins! Imposible apaciguar a esas bestias. Pues él lo hacía, y con facilidad. Por eso, de los cuarenta niños que éramos en clase no había ni uno que no le quisiera, desde el más gamberro hasta el menos deportista. En su clase éramos felices y le hacíamos mucho caso. Era un profe muy simpático, muy agradable, muy cariñoso y, a la vez, exigente. Y no digo que de cuando en cuando no nos soltara un *calvote*, ¿eh? Pero incluso eso era divertido. Nunca echó a nadie del gimnasio, porque como perderse una de sus clases no molaba nada, nos portábamos bien. Era un buen profesor, y con él nos sentíamos queridos. Hacía que su asignatura fuera divertida y por tanto una de las preferidas por todos.

Con los años nos volvimos a encontrar: tenía un

gimnasio donde entrenaba a deportistas para las pruebas de acceso a la Facultad de Educación Física (INEF), en la que finalmente no entré (por causas totalmente ajenas al profesor Lorenzo), pero a él incluso ahora lo sigo teniendo muy presente.

En el caso del profesor Sistach, lo suyo sí que tiene mérito. Por aquel entonces yo tenía dieciséis años, era disléxico y un rebelde de mucho cuidado. Mi madre había fallecido hacía poco y os podéis imaginar la bomba de relojería que tenía el pobre profesor entre manos. Pues Jordi Sistach, director del instituto y profesor de Literatura y Letras, fue el que motivó a servidor para la escritura, y gracias a él hoy escribo las canciones que escucháis. ¿Que cómo se las ingenió? Pues a base de hacer bien su trabajo. Era profesor de vocación y sabía perfectamente a quién tenía delante y también cuáles eran sus propósitos, que no eran otros que seducirnos con sus hipnóticas clases de Literatura. Recursos los tenía todos, porque era un buen profesor, y así consiguió lo que consiguió.

Los niños de hoy son los adultos de mañana. El mundo dependerá de ellos, por lo que lo de la educación no es ninguna tontería. Si a toda esta panda de corruptos e impresentables que nos gobiernan les hubieran inculcado otra serie de valores, otro gallo cantaría en España en este momento. Los niños son el futuro, y su educación también. Tengámoslo en cuenta.

P. D. Por cierto, tiro una piedra sobre mi tejado, reconozco que me gustaban mucho las Matemáticas.

20. MÁS VALE SOLO QUE MAL ACOMPAÑADO

«La soledad es un paso firme que nunca he podido obligarme a dar.» ¡Qué pedazo de frase! La escribió con tan solo veintidós años una buena amiga, la cantante mexicana Ximena Sariñana, como parte de una espléndida canción, «Normal», publicada en su álbum *Mediocre*. A partir de ese momento me enamoré de ella y de su música.

La soledad. Esa sensación maravillosa. Siempre me ha gustado estar solo, conmigo mismo, suelo estar muy a gusto porque este tipo, el Pau Donés, me cae, en general, bastante bien, y siempre está maquinando alguna cosa para entretenerme. La soledad me ha proporcionado momentos gloriosos, tanto a favor como en contra. En soledad es cuando afloran los sentimientos más íntimos, los más puros, es cuando más libre de ser yo mismo me he sentido. Estando solo nadie te juzga, nadie te impone, nadie te molesta. Es también en soledad cuando los secretos salen de su escondite para dejar de serlo. Bueno, sin ir más lejos, todas las canciones de Jarabe las he escrito estando solo, porque para estar solo tampoco es necesario que no haya nadie. De hecho, se puede estar solo incluso en medio de un aeropuerto el día de la vuelta de vacaciones. En eso soy un auténtico especialista.

Otra cosa bien distinta es sentirse solo, para lo cual creo no estar preparado. El solo hecho de pensarlo me da un mal rollo tremendo, aunque sé positivamente que los que me quieren nunca van a dejar que me sienta así. Otra canción me viene a la mente con una frase colosal: «Because we are your friends, you will never be alone again...». Por favor, no dejen nunca que nadie se sienta solo. Eso es como el pasar hambre, pero en el terreno de las emociones. ¡Terrible! El sentimiento de soledad es lo más parecido a la pena. Y la pena, como ya comento en otro capítulo, no mola. Nada.

Reconozco que después de separarme pensé en lo difícil que iba a resultar vivir en casa sin las chicas (mi ex y mi hija), pero llegó el momento. A la vuelta de una gira por México regresé a casa y, haciendo de tripas corazón, metí la llave en la cerradura y entré... ¡Joder, qué buena sensación tuve! La casa estaba ordenada, limpia y había mucho silencio pero, qué curioso, era un silencio muy agradable. Las chicas no estaban, pero sí muchas de sus cosas, o de las cosas que compartíamos, así que tampoco las añoré tanto. En realidad, experimenté la impresión como de que no se hubieran ido. Dejé las bolsas en el suelo, las guitarras, me tiré en el sofá y sentí cómo la soledad volvía a visitarme, pero esta vez en casa, en el sitio de mi recreo. Me sentí muy a gusto, tranquilo, en paz. Hay quien a eso pudiera llamarle egoísmo, yo le llamo libertad. Claro que lo que más me hubiera gustado habría sido llegar y que mi hija me saltara al cuello, pero tampoco estaba mal así. Y esa sensación tan agradable era debida sin duda a que me gusta la soledad.

La soledad asusta. A raíz de la separación mis amigas *pijas* me increpaban: «¡Pero qué tarugo eres! ¿Cómo te lo vas a hacer cuando te hagas mayor? ¿Quién te va a cuidar? Acabarás en un asilo más solo que la una». ¡Madre mía, cuánta confusión! La pregunta es al revés, queridas: ¿Vais a aguantar toda la vida a este cenutrio de marido que tenéis para no quedaros solas cuando lleguéis a viejas? ¡Pero es que es muy posible que ya estéis solas ahora! Y, por otro lado, vale, sí, perfecto, voy a llegar a viejo solo, pero no os equivoquéis, muy bien acompañado: por mis amigos, por mi familia, por la gente a la que quiero, que me quieren ahora y me seguirán queriendo cuando sea mayor. Y no tengo ningún problema en ir a un asilo al que, con el panorama que tienes en casa, probablemente también irás tú, seguro que allí encontraré a mucha gente maravillosa con la que compartir el final de mis días.

Así que, si algún día me veis andando por la Gran Vía y no os saludo, no os preocupéis, es que en ese momento estoy solo.

Porque fijaos lo que os digo: más vale estar solo que mal acompañado.

1 m^2 (Un metro cuadrado)

1 m^2 para sentirme bien,
1 m^2, solo o bien acompañado.

Donde poderse perder,
donde nada haya que hacer,
sin leyes ni presidentes,
donde todo pueda ser.
1 m^2 para sentirse bien.

1 m^2, un hombre y una mujer,
1 m^2 para dejarse querer.

Estaré aquí sentado
esperando por si acaso

apareces por sorpresa
y te sientas a mi lado.
1 m^2 para sentirse bien.

Estaré aquí sentado
esperando por si acaso
se te gira la cabeza
y se te ocurre aparecer.
1 m^2 para sentirse bien.

1 m^2 donde me guste vivir,
1 m^2, solo o bien acompañado.
1 m^2 para ser libre,
1 m^2 para estar enamorado, de ti...

Hay un sitio para ti,
para estar cerca de mí,
para volver a quererte,
para hacerte sonreír,
1 m^2 para ti y para mí.

Hay un sitio para ti,
para estar cerca de mí,
100 cm por lado
para hacerte muy feliz,
1 m^2 para ti y para mí.

1 m^2, no me muevo por si acaso.

21.
DE ILUSIÓN TAMBIÉN SE VIVE

¿Cómo que de ilusión también se vive? Al revés. ¿Qué sería de la vida sin ilusión? Es más, yo vivo solo por ilusión.

La ilusión es muy potente. Es un sentimiento acojonante, imprescindible. Si algo no me ilusiona soy incapaz de hacerlo. En cambio, por ilusión puedo conseguir lo que me proponga, cualquier cosa. Creo que muchas de las aventuras en las que me he embarcado las he conseguido gracias a la ilusión que me hacía emprenderlas. La ilusión me ha ayudado a convencer a muchos sobre proyectos que en condiciones normales me hubieran tumbado a la primera.

Las mejores notas en el colegio las saqué por la ilusión que me hacía que mi madre me regalara una guitarra eléctrica si las sacaba buenas; me hacía tanta ilusión tener una moto que trabajé dos veranos en un banco hasta conseguir el dinero para comprarla; creo que mi padre me dio permiso por la cara de ilusión que puse cuando le dije que ya tenía la *pasta* y el carnet para llevarla; a mi primera gran novia también la conquisté así, me hacía tanta ilusión salir con ella que creo que me dijo que sí por no borrar esa cara de iluso que tenía cuando le pedí la primera cita.

Porque las caras que expresan ilusión son irresistibles, arrolladoras. Cada vez que veo una me da un *subidón* porque sé que detrás hay alguien que está ilusionado por algo. Cuando alguien hace algo con ilusión, entonces no hay quien lo pare. El resultado seguro que será bueno, porque con ilusión somos capaces de llegar a cualquier parte, aunque a veces no sea el destino más adecuado (por ilusión también nos equivocamos).

Recuerdo mis primeros pasos en la música. Nunca me habían dicho tantas veces que no, que las canciones no eran buenas, que el estilo no era el adecuado, que los arreglos esto, que las melodías lo otro... Pero me hacía tanta ilusión grabar un disco que no paré hasta convencer a alguien de que Jarabe de Palo era la hostia y las canciones mejores aún. Y aquí estamos, después de tantos años y con la misma ilusión que cuando empezamos. Y si hay ilusión hay ganas, y si hay ganas, pues esto no hay quien lo pare.

En uno de nuestros múltiples viajes a Madrid quedamos con Morgan, nuestro humilde y queridísimo mánager, para comer en La Puñalada, un restaurante mexicano en el cual era socio un tal Joaquín Sabina y donde se comían unas quesadillas de lo más sabrosas. Nos atendía una camarera joven, muy delgada, con pinta de bailarina y muy amable, a la vez que discreta. A la hora de los cafés..., bueno, de los mezcales, se me acercó y me dijo que había leído en un periódico de Canarias (ella era de Las Palmas) una entrevista mía en la que precisamente hablaba de la ilusión que le había metido a mi sueño de ser músico, y que gracias a eso ahora podía vivir de la música. Ella me contó que después de leer eso se fue a casa, hizo la maleta y *pa* Madrid que se vino, porque era bailarina de clásico y su gran ilusión era bailar un día en la Compañía Nacional de Danza. Después de ese día no volví a verla más, pero estoy seguro de que ahora es su bailarina principal, y si no, una de las principales de esa compañía o de la que sea.

La ilusión lo puede todo. Yo estoy vivo por ilusión. Soy músico por ilusión. Estoy limpio por ilusión (del cáncer, me refiero), de esto último por ilusión propia y también gracias a la ilusión de los demás.

Cuando acabé la primera fase de la quimioterapia me hicieron un TAC (escáner) para ver cómo estaba el asunto. Normalmente te dan los resultados a los cuatro o cinco días; pues bien, a los veinte minutos ya me estaba llamando la doctora Élez, mi oncóloga, para decirme que estaba limpio. Se la veía muy contenta. A los cinco minutos de colgar, me llamó el doctor Serres, radiólogo, para informarme de que el TAC había salido muy bien. También lo noté muy contento, casi diría que sospechosamente ilusionado. Colgué y al rato me llamó el doctor Ramón Charco, el cirujano hepático que me operó del hígado, y lo mismo, que estaba limpio y que estaba muy contento del resultado. Ahí no pude más, y le pregunté si había alguna razón para que todos estuvieran tan contentos. Ramón me dijo que el diagnóstico de mi BRAF mutado (tumor de colon) era muy malo, y que las posibilidades de que el cáncer se hubiera reproducido eran altas. Al ver los resultados les hizo mucha ilusión, y de ahí la algarabía. Esa ilusión que ellos pusieron en mí es la que me ha «curado», como la de tanta gente que también se ilusionó al saber la noticia. ¡Seguro!

Me he recuperado por la ilusión que me hace vivir y por la ilusión que he percibido y recibido de los demás. Mucha gente me la transmitió y con ella fui invencible.

Esta mañana me he levantado de bajón. Sin embargo, al poco he recibido un mensajito de Antonia y Kati, mis dos amigas berlinesas, que me dicen que en dos semanas vienen a visitarme. No veas la ilusión que me ha hecho, tanta que me han alegrado el día.

¡Que vivan los ilusos!

22.
LA FLACA: LA VERDADERA HISTORIA

Las grandes canciones no se escriben porque sí, suele haber detrás motivos poderosos. Las historias que describen los grandes clásicos de la música casi nunca son inventadas, el autor ha tenido que experimentarlas, que sufrirlas en carne propia. Dejando aparte que en mi caso casi todas las canciones que he escrito tienen tinte autobiográfico, hay algunas que destacan porque surgieron de historias potentes que sucedieron en momentos también potentes de mi vida.

Con vuestro permiso me dispongo a relataros cómo escribí *La Flaca*. Para ello me aprovecho de un texto que escribí para la ocasión en nuestro disco-libro *Orquesta reciclando* (2009), una de las joyitas de la discografía *jarabesca* y que podréis encontrar en nuestra página web. Ahí desvelé el secreto de uno de los romances más cortos e intensos que he vivido, así como otras muchas historias que me llevaron a componer algunas de las canciones más populares de Jarabe de Palo.

Corría el año 1995 y un grupo de amigos nos dispusimos a viajar a Cuba. El director de cine Fernando de France había comprado ocho billetes baratos y nos invitó a viajar a la isla con un objetivo: rodar el videoclip de *El lado oscuro*, canción que en aquel entonces no estaba ni editada. Tres días antes de irnos nos encerramos en un estudio y grabamos una demo bastante bien arreglada, lo que serviría después para regrabar la canción como se conoce en la actualidad.

Llegamos a La Habana, dejamos las cosas en el hotel y con el subidón nos fuimos de fiesta a 1830, una discoteca al aire libre en El Malecón que allí todos conocen como La Tasca. Tomamos unos mojitos y cuando nos marchábamos entró en el local una mujer de belleza impresionante, con un vestido de gasa roja semitransparente, y en la cara dos soles que sin palabras hablaban. A la mañana siguiente había que ponerse a trabajar, no estaba la cosa para empezar a perder días por noches. Durante esa semana estuvimos buscando una modelo para el videoclip, vimos a muchas chicas estupendas, pero en la cabeza de todos había solo una, la chica del vestido rojo que encontramos el primer día en La Tasca. Y allí que fuimos cada noche hasta que por fin la encontramos. Una diosa, eso es lo que era. Nos acercamos y le contamos nuestros planes: necesitábamos una modelo para un videoclip y pensábamos que ella era la ideal. Y sin más prolegómenos, Alsoris aceptó.

Nos citó al día siguiente en su casa para recoger sus cosas y al mediodía ya estaba instalada en nuestro hotel, compartiendo habitación con Eva Nielsen, en aquellos momentos la ayudante de dirección. Llovió sin compasión toda la semana, por lo que no pudimos rodar ni un metro de película, aunque sí descubrir, de la mano de Alsoris, esa Cuba que no sale en los catálogos de las agencias de viajes.

También durante esa semana hubo cambios en la logística del equipo. Alsoris se mudó a mi habitación (no porque le gustase más yo, sino más bien todo lo contrario, porque resultó que Eva le gustó un poquito más de lo normal), y Fernando (el director) pilló una ameba que le tuvo en el hospital cuatro o cinco días. Durante esa semana pasaron muchas cosas, pero la que más me afectó a mí fue el enamorarme perdidamente de ese coral negro de La Habana, de esa tremenda mulatona.

En fin. Pasaron los días y llegó el momento de regresar a España. La noche antes del viaje salimos a celebrar, volvimos al hotel de madrugada y ya en la habitación Alsoris, como cada noche, me dio un beso en la mejilla y se metió en su cama. Fui al baño y al salir, viendo a ese ángel negro enfundada entre sábanas blancas, no me pude reprimir: «Flaca, no me puedo ir de la isla sin haberme acostado contigo». Ella sonrió, abrió los brazos y me dijo: «Ven, Pablito».

Me recosté en la cama, la abracé y el siguiente recuerdo que tengo es despertarme con el sol de la mañana dándome en la cara, abrazado a Alsoris, pero totalmente vestido. Fue tal la emoción que había sentido esos días que me había quedado dormido.

Me levanté, agarré un lápiz y una hoja de papel, y sentado en mi cama y mirando a la Flaca dormida escribí, en apenas diez minutos, una poesía corta que relataba lo que había sentido por esa mujer durante esas dos increíbles semanas en La Habana. Copié la poesía en otra hoja y la guardé en un sobre.

Al rato nos fuimos para el aeropuerto de Varadero, y la Flaca nos acompañó. Llegamos, la besé en la terminal de salidas y le entregué el sobre con la poesía: «Aquí te dejo un regalo, mi Flaca, en agradecimiento por estos días que nunca olvidaré. Solo te pido una cosa, que lo abras cuando me haya ido». Nos abrazamos y nos dijimos adiós. Una vez hube traspasado el control de pasaportes, no pude resistir la necesidad de verla por última vez. Me di la vuelta y al mirarla me di cuenta de que ya había abierto el sobre. Estaba llorando a la vez que leyendo esa corta poesía que con los años se convertiría en la canción que puso a Jarabe de Palo en el mapa. Me refiero, cómo no, a «La Flaca».

23.
GET UP SEX MACHINE: EL SEXO

La culpa de todo la tienen Disney y las películas porno.

Disney por los cuentos de príncipes azules y princesas encantadas: durante nuestra infancia crecemos viendo toda esa cursilería en forma de dibujos animados. Los príncipes azules los sacan de las agencias de modelos (¿habrá agencias de modelos para personajes de cómic?): guapos, altos, fuertes, amables, sensibles, enamoradizos… Hablan con dulzura, en un tono suave y sensual. Montan en esbeltos caballos preciosos y siempre salvan a la princesa de las garras del villano, que suele ser muy feo y muy malo. Las princesas, pues lo mismo: guapísimas, rollo Barbies de escaparate, rubias (bueno, menos Pocahontas), ojos grandes y azules, altas, más bien flacas, con bonitos vestidos, cursis y delicadas hasta la saciedad. No sé si os habéis fijado, pero ellas siempre esperan a que llegue su príncipe azul, solo piensan en él; son sumisas, obedientes, ultrafemeninas, les encantan los bebés y su principal objetivo es tener niños y vivir en el campo, felices y comiendo perdices, con su amado príncipe, que las protegerá de todo mal cual león a su manada.

Pues bien, el efecto que produce eso en las mentes de los niños que luego son adolescentes y al final adultos es devastador, porque nos acabamos creyendo que de eso va el amor y asumimos nuestros respectivos roles. Ningún chico quiere ser el malo y las chicas quieren ser todas princesas. La putada es que en la vida real la cosa no es así: los príncipes azules ni son azules ni llegan en caballos blancos, y las princesas, por suerte, tienen otras cosas mejores que hacer que esperar a un *tontolaba* que al besarlo deje de ser una rana. Y, por cierto, lo de «fueron felices y comieron perdices» que suele aparecer al final de las películas pues tampoco funciona.

En cuanto a las pelis porno… Queridos papis, aceptemos el hecho: en la adolescencia dejas (por suerte) de ver ese tipo de películas *made in* Disney y pasas a interesarte por otro tipo de géneros, entre los cuales se encuentran aquellos donde aparecen chicos y chicas desnudos jugando a médicos y enfermeras. Antes siempre había algún amigo que sabía cuál era el armario donde sus padres las escondían, únicamente

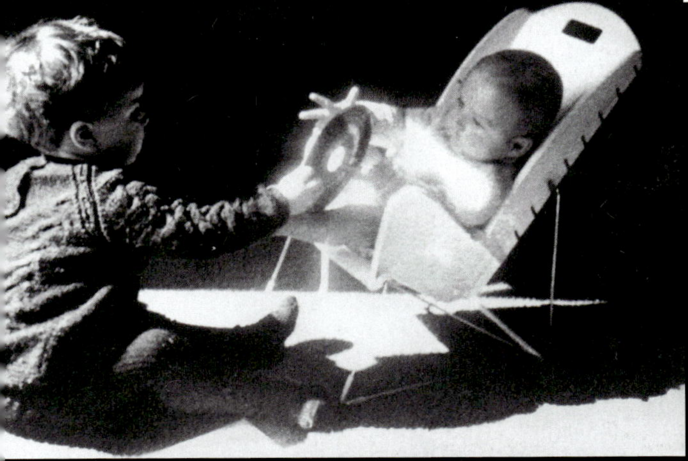

↑

Mis primeros pasos en lo de la música, dándole un *donut* a mi hermano Marc (1968).

Con madre, que en el cielo vive (1970).

→

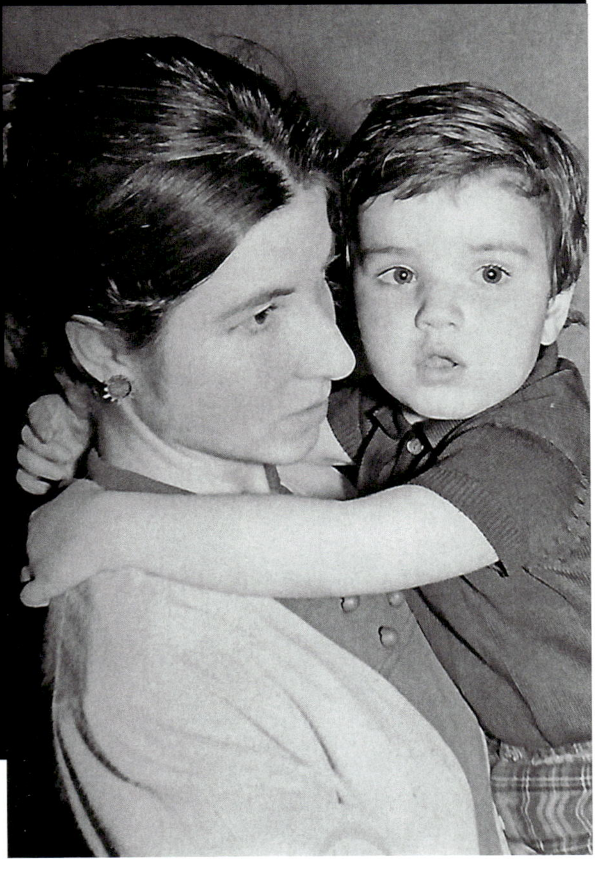

El trío *lalalá:* Marc (a la izquierda), Bernat (en el centro) y Pau (1971).

Apuntando maneras (1976).

↑

Carlos Santana y David Bowie en versión adolescente, en una fiesta en casa de Jeni y Pere Rabell (verano de 1981).

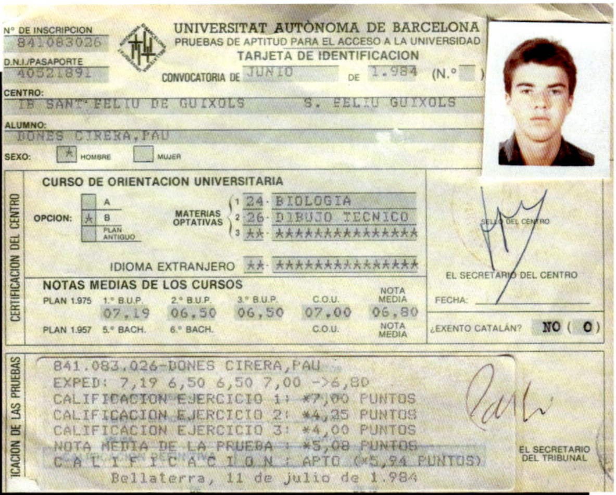

Nº DE INSCRIPCION 841083026

D.N.I./PASAPORTE 40521891

UNIVERSITAT AUTÒNOMA DE BARCELONA
PRUEBAS DE APTITUD PARA EL ACCESO A LA UNIVERSIDAD
TARJETA DE IDENTIFICACION

CONVOCATORIA DE JUNIO DE 1.984 (N.º)

CENTRO: IB SANT FELIU DE GUIXOLS S. FELIU GUIXOLS

ALUMNO: DONES CIRERA, PAU

SEXO: * HOMBRE MUJER

CERTIFICACION DEL CENTRO

CURSO DE ORIENTACION UNIVERSITARIA

OPCION: A; * B; PLAN ANTIGUO

MATERIAS OPTATIVAS: 1 24 BIOLOGIA; 2 26 DIBUJO TECNICO; 3 ** ***************

IDIOMA EXTRANJERO ** ***************

SELLO DEL CENTRO

EL SECRETARIO DEL CENTRO

NOTAS MEDIAS DE LOS CURSOS

PLAN 1.975	1.º B.U.P.	2.º B.U.P.	3.º B.U.P.	C.O.U.	NOTA MEDIA
	07.19	06,50	06,50	07.00	06,80
PLAN 1.957	5.º BACH.	6.º BACH.		C.O.U.	NOTA MEDIA

FECHA:

¿EXENTO CATALÁN? NO (0)

CALIFICACION DE LAS PRUEBAS

841.083.026-DONES CIRERA,PAU
EXPED: 7,19 6,50 6,50 7,00 ->6,80
CALIFICACION EJERCICIO 1: *7,00 PUNTOS
CALIFICACION EJERCICIO 2: *4,25 PUNTOS
CALIFICACION EJERCICIO 3: *4,00 PUNTOS
NOTA MEDIA DE LA PRUEBA : *5,08 PUNTOS
C A L I F I C A C I O N : APTO (*5,94 PUNTOS)
Bellaterra, 11 de julio de 1.984

EL SECRETARIO DEL TRIBUNAL

→

Resultado de las pruebas de aptitud para el acceso a la Universidad (julio de 1984).

El graduado Donés, economista de profesión, músico de vocación (1989).

→

↑

Con Marc (en el centro) y Javi (a la derecha), dos de mis mejores amigos (verano de 1990).

Aprendiendo latín en Promoplán BBDO, con Jaume, Alicia, Marta y María Valverde (1990).

↓

↑

Ensayando en el local de Iván con Marc, Jorge y Toni (verano de 1991).

Fiesta de mi 26.º cumpleaños en Montclar de Berga, una de las más sonadas que recuerdo (octubre de 1992).

→

En La Habana (Cuba), en la primavera de 1995, año en que conocimos a Alsoris Guzmán Morales, la Flaca.

→

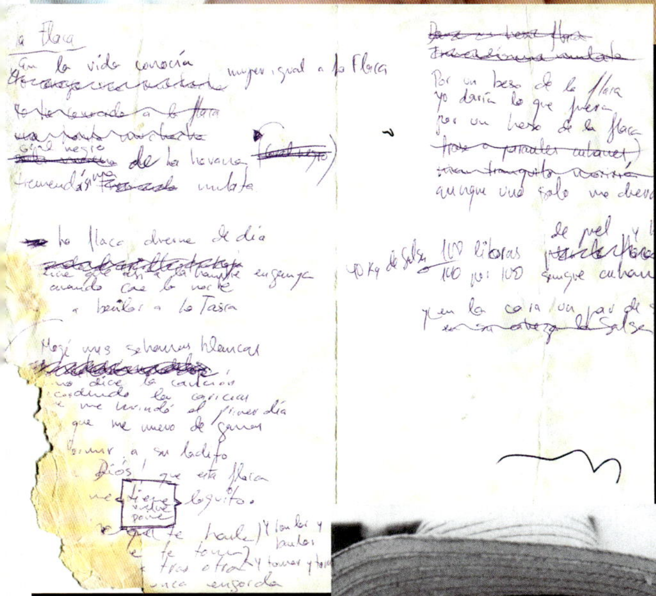

Manuscrito original del primer boceto de *La Flaca.* (1995).

←

Alsoris Guzmán Morales, la Flaca (1995).

→

En Moody Studios de Londres, con Joe Dworniack, productor y gran amigo. Joe se creyó lo de Jarabe y grabó varios de nuestros discos más exitosos, entre ellos, *La Flaca*. A su lado, Ricardo «el campesino», ingeniero de sonido (1996).

Con Carol, sentados en la terraza del Red Lyon de Nueva York. Carol se acabó la cerveza, entró en el club y nos consiguió un concierto para esa noche, el primer concierto en Estados Unidos de la historia de Jarabe (primavera de 1997).

↑

Descanso en el rodaje del anuncio de televisión para la campaña de Duca2 Music, con las Twin Towers al fondo y el pie roto. Ahí empezó todo (primavera de 1997).

Manuscrito original de *Depende.* La caligrafía nunca fue lo mío (1997).

→

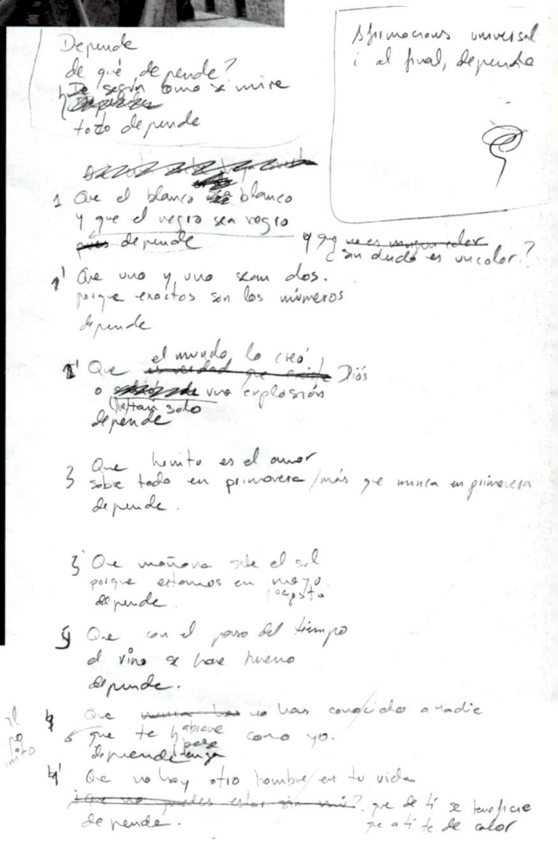
Depende
de qué depende?
De según como se mire
todo depende

Afirmaciones universal
i al final, depende

1 Que el blanco sea blanco
y que el negro sea negro
depende
¿sin duda es un color?

1' Que uno y uno sean dos.
porque exactos son los números
depende

2' Que el mundo lo creó Diós
o una explosión
depende

3 Que bonito es el amor
sobre todo en primavera / más que nunca en primavera
depende.

3' Que mañana sale el sol
porque estamos en mayo / agosto
depende

5 Que con el paso del tiempo
el vino se hace bueno
depende.

4 Que no has conocido a nadie
que te haya ... como yo.
depende

4' Que no hay otro hombre en tu vida
? que de tí se beneficie
que a tí te de calor
depende.

Fiesta de final de grabación de *Depende*, en el Moody Estudios de Londres (1998).

Siesta time durante la gira de *Depende* (1998).

↑

Con Compay Segundo, en el Teatro Karl Marx de La Habana, donde también tocamos con Carlos Varela e Isaac Delgado (mayo de 1999).

Marc y Pau en modo... *he estado pensando...* ¡Tiembla, mundo! (verano de 1999).

↓

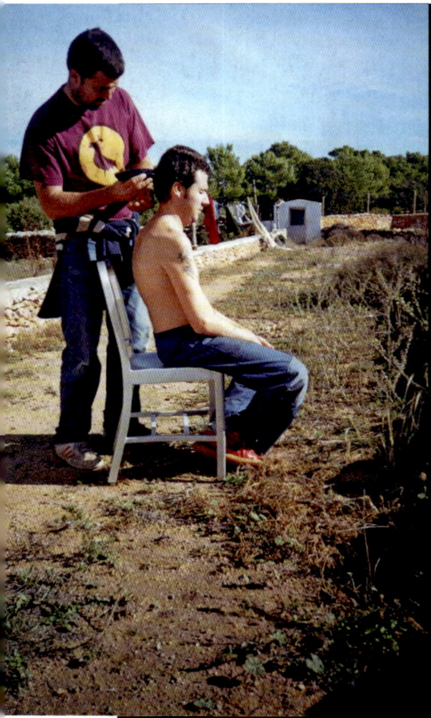

Marc y Pau en modo peluquería, durante la grabación de *De vuelta y vuelta* (2000).

←

Con José María Piera, aunque no lo parezca, visionario y sabio gracias al cual hoy estamos aquí (noviembre de 2000).

↓

↑ En el Calle 13 de Nueva York con doña Celia Cruz, su marido Pedro «cabecita de algodón» Knight, Omer, Isabel y Marc. La *Jefa* nos mandó una *limo* al hotel y nos invitó a cenar. La adoraba… y la sigo adorando (2000).

↑

Con Antonio Vega, con el que grabamos *Completo incompleto.* Esta foto refleja uno de los momentos de mayor felicidad de mi carrera como músico. Lo adoraba, a él y a su música (Estudios Cine Arte, 2000).

Con el Ilustre Quimi Portet, alma de El Último de la Fila, compositor excelso, buena persona y amigo (Musiclan, otoño de 2001).

↓

↑ En Módena (Italia), en el verano de 2001, en la prueba de sonido del «Pavarotti and Friends». La foto lo dice todo. © Daniele Venturelli.

↑ Firmando el segundo gran contrato discográfico de Jarabe de Palo, con Charlie y Alfonso, dos personajes clave en la historia de Jarabe de Palo y de muchos de los grupos de la escena del *rock* español de finales del siglo xx y principios del xxi (2002).

Con *Bernardo* y *Nataflú*, dos de mis grandes amores (2004).

En Moody Studios de Londres a la hora de merendar, haciendo de papi, biberón en mano (octubre de 2004).

Con «Mendrugo» (Toni *Gintonis* Planells) y Sara, pasando una espléndida tarde de verano en la Isla (verano de 2005).

La bici que usaba en Berlín, con cambio de marchas de tres velocidades en el puño. Todavía la conservo (2006).

→

↑ En Bamako (Mali), durante unas conferencias sobre composición que dimos en el conservatorio de música. Al final resultó que los alumnos fuimos nosotros (2010).

hacía falta quedarse solo en casa para llamar a los colegas y organizar una sesión de tarde. Ahora, desafortunadamente, está todo en Internet, al alcance de cualquiera, tenga la edad que tenga.

Pues ya estamos otra vez. Sin entrar en detalle: chicos y chicas que se quieren sin quererse, siguiendo un ritual que siempre suele ser el mismo, mecánico, físico, rutinario... Él, de *machoman*, con actitud dominante. Ella, sumisa, a merced de lo que al semental se le ocurra, que siempre es lo mismo y en el orden establecido. Silicona, clembuterol, viagra y mucho movimiento. Una pena. Y digo una pena porque por desgracia nadie te enseña, cuando eres adolescente, de lo que va el asunto del sexo. Vivimos bajo el paraguas de la religión católica y de eso no se habla. Y claro, ¿dónde lo aprendes? Pues como siempre, en la tele, viendo pelis de acción, pero en este caso de acción sexual. ¿Y qué se aprende de esas pelis? Pues que el sexo es como ir al gimnasio: hay que darle fuerte, hay que seguir una rutina, hacer muchas repeticiones, no parar... Y a las máquinas darles caña: ahora la de bíceps, ahora la de tríceps, ahora las sentadillas. Y cuando acabas, una ducha y si te he visto no me acuerdo. Por si alguien no ha pillado el símil, lo expongo de la siguiente manera: toma-daca-daca-toma-uh-ah-uh-ah-yeah-yeah-yeah-yeah-pim-pam-pim-pam y... *¡chof!* Se acabó el cuento.

Es triste, pero a mí me costó mucho tiempo darme cuenta de que el asunto del sexo no tenía nada que ver con la máquina para hacer bíceps. Que además de lo físico había otras cosas mucho más importantes. Por ejemplo, las ganas. Que no siempre había que quedar como un toro bravo. Que había momentos para follar y otros para hacer el amor. Que tan bueno era el durante como el después. Que se podía repetir al rato de haberlo hecho. Que si un día no apetecía no pasaba nada. Que si un día no funcionaba tampoco pasaba nada. Que en el sexo, en definitiva, no había obligaciones, y que siempre es mucho mejor si lo que había eran ganas de quererse y de besarse y, *very important!*, de amarse sin el compromiso ni la presión de tener que quedar como esos gimnastas del *pornoworld*. Con o sin amor, pero con cariño y con ganas. Nunca por compromiso. Nunca para quedar bien.

The end

No te duermas (que no hemos acabado)

Ahora que te tengo para mí,
que el tiempo ya no pasa por aquí,
me acuerdo
cuántas veces te pedí hacerlo.

Ahora que estás a un centímetro de mí,
repaso tu cuerpo por si hay algo que no vi
y pienso
en lo que dijiste antes...

No te duermas que no hemos acabado.

Tengo ganas de hacerlo otra vez,
no duermo,
mejor me quedo esperando el momento
en que me pidas volver al juego.

Luego voy a besarte los pies,
los dedos y puede que la boca también,
imagino cómo lo vas a querer
y espero.

Espero a que me digas otra vez
esa frase que tanto me gusta,
no te duermas que no hemos acabado.
Espero a que me digas otra vez
esa frase que ya no me asusta,
no te duermas que a mí me falta un rato.

Lento se mueve tu corazón,
suave escucho tu respiración,
cuento cada segundo que paso contigo,
tu aliento, el momento, qué sueño tengo,
mejor despierto y espero.

Espero a que me digas otra vez
esa frase que tanto me gusta,

no te duermas que no hemos acabado.
Espero a que me digas otra vez
esa frase que ya no me asusta,
no te duermas que a mí me falta un rato.

Espero a que me digas otra vez
esa frase que tanto me gusta,
no te duermas que no hemos acabado.

Espero a que me digas otra vez
lo que nunca antes había escuchado,
no te duermas que a mí me falta un rato.

24.
¿Y TÚ DISEÑAS O PINTAS?

Malasaña ha sido de siempre un barrio muy canalla. Durante una época era nuestra segunda casa en Madrid. Los barrios canallas lo son porque están llenos de bares canallas con gente canalla, gamberra y con ganas de divertirse. Dicen que fue en Malasaña donde empezó la Movida madrileña, una de las corrientes culturales más importantes e influyentes de los últimos tiempos en España. Allí, en bares como La Vía Láctea, se reunían bandas como Nacha Pop, Radio Futura, Gabinete Caligari..., referencias míticas dentro del panorama musical español de los ochenta.

Con el tiempo, será por cosas de la edad, cambiamos de zona y nos desplazamos a La Latina. Este es un barrio mucho más *in*. Y los barrios *in* están llenos de gente *in* como pintores, ilustradores, diseñadores gráficos, publicistas, actores, escritores, fotógrafos, músicos, modistas (perdón, diseñadores de moda), modelos…, pero no nos confundamos, todos muy *in*, ¿eh?, nada que ver con el canallismo de Malasaña.

Recuerdo una reunión con el entonces director artístico de Virgin Records, Javier Liñán. Javier era, además de un excelente AR (director artístico en el mundo discográfico), un canalla de aquí te espero, pero con amigos muy *trendies*, de esos que en vacaciones se van a Londres o a Nueva York para después poder contarlo a su pandilla de eruditos. Javier y yo nos hicimos buenos amigos y de hecho lo seguimos siendo.

Después de la reunión nos fuimos a tomar algo precisamente a La Latina. Javier había quedado con un grupito de esos amigos, de los *trendies*, digo. Entramos en el bar, muy *trendy* también, y nos dirigimos a su mesa, saludó y me presentó. Eran sus amigos, así que los saludé afectuosamente, a lo cual fui correspondido con cierta frialdad; frialdad que suele atesorar ese tipo de gente que va de *cool-in* por la vida. Fijaos si me quedé cortado que me iba a pedir una caña, pero viendo al personal casi acabo pidiendo un *gimlet*, que es un cóctel muy *cool* con el que siempre quedas bien.

La conversación iba sobre cine, y en un momento determinado una de las chicas del grupo, que estaba mirando a ninguna parte, como perdida en su densísimo mundo interior, soltó:

—¿Alguien ha visto la última película de Lars von Trier? Me ha parecido tan especial, tan sublime, tan moderna... Lars es un transgresor, colosal, un genio.

Lo dijo con voz muy baja, hablando muy lentamente, como si con ella no fuera la cosa. Parecía que conocía a Lars de toda la vida. Varias de las personas del grupo asintieron con la cabeza, sin moverla mucho, para no despeinarse. ¿Alguno de vosotros, queridos *music lovers,* habéis visto alguna vez una película de Lars von Trier? ¡Joder, desde luego hay que estar mentalmente muy preparado para comerse semejante...!

Al rato, uno de los chicos, muy flaco, blanco como la leche, con aires de intelectual maldito, sugirió al resto que fueran sin falta a ver la última exposición de Yayoi Kusama, que era *lo más* del momento en pintura. No se acordaba de si era en el Reina Sofía o en El Prado, pero Kusama era un referente dentro de la pintura contemporánea, a la altura de Botero, o incluso de Picasso, por lo cual la expo nadie se la podía perder. En mi opinión le faltó decir que una hora antes de entrar al museo había que comerse un *tripi*, porque el pintor tiene su tela.

Todo aquello me estaba empezando a inquietar un poco, porque de lo que tenía ganas esa tarde era de salir con Liñán a tomar unas cañas y reírnos un rato, y esa reunión estaba siendo un *peñazo* de cojones. Lo que más me mosqueaba eran los silencios que se sucedían entre aportación y aportación. Todos volvían a su circunspecto y ultraculto mundo interior y, a mí, tanta sensibilidad estaba empezando a apabullarme. Era evidente que alguien sobraba en ese grupete de *señoritis* tan exquisitos y refinados, y ese alguien era yo. En una de estas, otro iluminado del grupo, con pinta de redactor de publicidad, mete baza:

—Pues yo cuando leo a Bukowski lloro. Pero lloro de verdad, no lo puedo evitar. Es tan rudo, tan decadente, tan urbano y tan sofisticado a la vez, que cuando lo leo me acuerdo de Nueva York y me pongo a llorar. Bukowski es divino, profético, maravilloso.

Y tal como lo dice, se gira hacia mí y me pregunta:

—¿Tú lees…? ¿Cómo te llamabas…, Pau?

Ahí estuvo fino, porque con esta pinta de garrulo que tengo era imposible que leyera a Bukowski. Y si no lees a Bukowski no eres nadie.

—Pues mira, no. Soy disléxico y nunca me ha dado por la lectura.

—Ya me parecía a mí.

El comentario vino acompañado de una sonrisa bastante cínica y de una mirada a todos los allí presentes, los cuales se la devolvieron también con cínica sonrisa, incluso en algún caso acompañada de un leve ruidito parecido a lo que sería una risilla.

¡Menudo gilipollas! ¡Y a mí qué cojones me importa si tú lees o fumas o comes chupa-chups cuando estás nervioso! ¡Vaya peña de *cutre-snobs*! En esa mesa había menos talento que en los tacones de Paris Hilton. «Como decía Sartre en su tratado sobre...», no puedo con la gente que se hace la culta. Porque los que realmente lo son, los que entienden de arte, o de literatura, o de música nunca harían nada por demostrar que saben, y mucho menos para dejarte en evidencia, básicamente porque no les hace falta. Ni la chica de mirada perdida tenía ni puta idea de quién era Lars von Trier ni el modernillo de aspecto enfermizo entendía nada de la pintura de Yayoi Kusama. Y qué decir del iluminado *snob* creador de eslóganes publicitarios para lavadoras. ¡Pobrecillo! Tener que lidiar con esa personalidad... ¿Por qué lo harán, para ocultar su tremendo complejo de inferioridad? ¿Para dárselas de importantes? Si es lo mismo saber de arte que no saber, lo que importa es que te guste, que tengas la inquietud, que sepas disfrutarlo. En la vida no se puede estar en todo. Y es que no puedo con la estupidez en general, pero especialmente con la de los *culturetas* del siglo XXI.

En fin, como vi que en ese grupillo también había un músico con pinta de *hipster*, y no estaba dispuesto a aguantar otra gilipollez (se me había acabado la paciencia), antes de que se me adelantara con cualquier chorrada le solté lo siguiente:

—Mira, *tontolaba*. Yo no leo a Chaikowski, o Bukowski, o como se llame el último de los escritores malditos de la literatura norteamericana. Pero lo que sí hago es escribir las canciones que hacen llorar a tu novia (lo digo porque su novia me lo había dicho justo al llegar).

Ahí se produjo otro gran silencio, incluso algún gesto de aspaviento. Aproveché el desconcierto para ir a la barra a pedir otra cañita, me la bebí charlando con la camarera y regresé a la mesa para despedirme. En ese momento Javi (Liñán) me preguntó si quería ir al concierto del músico con pinta de *hipster*, a lo cual asentí. Visto lo visto, tampoco era una idea entusiasmante, pero me había dado tal chapa el colega que se me había despertado la curiosidad. Pero eso ya es otra historia.

P. D. *Cool* se pronuncia *cul*, que en catalán significa «culo». *Cool-in* en castellano se pronuncia *culín*. Pues eso, *culturetas* y *snobs* de pacotilla, iros a tomar por el culo, o por el culín. Mejor haríais dedicando vuestro tiempo a algo más útil que aparentar ser lo que no sois. ¡Vaya *coolo* de personal!

25.
A MI NOVIA LE GUSTAN LAS CHICAS

Es verdad. Tuve una novia que tenía novia. ¿Y qué? No pasa nada. Le gustaba la belleza, y tenía una novia muy bella, en todos los sentidos de la palabra. Lo que nunca acabé de entender es lo que hacía conmigo.

Mi novia vivía en Madrid, ciudad que adoro pero que visito muy de vez en cuando, porque de la capital acostumbro a salir siempre en ambulancia (es un decir, ¿eh?). La cosa es que tocábamos en la Joy Eslava, mítica discoteca ahora reconvertida en sala de conciertos. Estábamos presentando *Somos* (2014), nuestro noveno disco de estudio, y tocamos dos noches seguidas. Para mí fue un sueño, porque en dieciocho años de carrera nunca había tocado ahí. Cuando acabó el concierto del segundo día salimos a celebrarlo. Mi chica se había puesto un vestido azul muy bonito y muy *sexy*, *ultrasexy*. Estaba guapísima. Nos fuimos por ahí de parranda y al volver a casa hicimos el amor. Ella vivía en un piso pequeñito con dos amigas más que yo ya conocía. Al rato de terminar se levantó y me pareció que iba al baño, pero no, justo había llegado una de las chicas y oí que hablaban. Después, mi novia regresó al cuarto, se metió en la cama, un catre individual de 80 x 190 cm, y empezó a besarme otra vez, a lo cual correspondí gustosamente. Estábamos otra vez liados en el asunto cuando de repente para y me dice:

—¿Quieres que le diga a María que venga?

—¿Cómo?

—Que si quieres que nos enrollemos los tres.

—Pues... no sé.

—Es que, verás, María y yo..., bueno, que tenemos rollo..., que somos amantes, vamos. Y como tú también le gustas, pues me ha dicho que si queremos... pues que se viene a la cama con nosotros.

Wow! No me lo podía creer. A mí no me gusta compartir, en eso estoy chapado a la antigua, pero en este caso, ¿por qué no? Éramos tres que nos gustábamos. Yo quería a mi chica y ella a María, entonces ¿por qué no querernos los tres?

Siempre me ha cabreado mucho la discriminación que sufren los homosexuales. ¿Qué más dará la tendencia sexual de cada uno? ¿A quién cojones le importa si te gusta la carne o el pescado? El sexo está para disfrutarlo con quien a ti te apetezca, lo que no mola nada es cuando el sexo se hace por obligación, sin pasión ni ganas, y parece ser que en el mundo heterosexual eso se da mucho. Hablando en plata: no conozco ningún puticlub para gays o para lesbianas, en cambio sí un montón de locales donde relacionarse libremente.

Personalmente me gusta mucho la idea que tienen los gays de cómo gozar de su sexualidad, ojalá los heteros fuéramos tan desinhibidos como lo son ellos (y ellas).

Mucha hipocresía hay en todo este asunto. De lo que se trata, más que de las preferencias sexuales, es de si sabemos o no sabemos querernos. El problema no es el sexo ni si te acuestas con este o con la otra, el problema es que no sabemos amar. Ser homosexual no es una tara, sino una opción sexual tan normal como cualquier otra. Que el hombre fue creado para la mujer y viceversa es una invención religiosa. A alguien se le ocurrió hablar de un jardín del Edén donde había un chico, una chica y una manzana, y ahí empezó el lío. A lo mejor, si hubieran mirado un poco más allá, también hubieran encontrado chicas desnudas que se besaban entre ellas y chicos desnudos paseando entre los tilos cogidos de la mano. Pero la naturaleza, mucho más sabia, diseñó a hombres a los que les gustan los hombres y mujeres a las que les gustan las mujeres, como también diseñó caracoles hermafroditas, frailecillos (pájaros) monógamos o gorilas polígamos.

No me gusta que a los gays los llamen «maricas». No me gusta que a las lesbianas las llamen «bolleras». No me gustan los chistes sobre homosexuales como tampoco me gustan los chistes machistas. ¡Un respeto, joder! Pero mucho menos me gusta que la homosexualidad sea tratada como un defecto, incluso como una enfermedad (os recomiendo el documental *Temblando ante Dios*).

Es muy probable que tu escritor favorito tenga novio, que la científica que descubra la vacuna del cáncer sea lesbiana, que tu chef predilecto sea gay o que a tu novia le gusten las chicas. ¿Que a la tuya no? Mejor harías preguntándoselo.

A mi novia le gustan las chicas

A mi novia le gustan las chicas,
mi novia a mí me quiere un montón.
Mi novia tiene una amiga divina,
le gusta tanto como yo.

Mi novia es de buena familia,
en casa su madre no entiende, no entra en razón.
Lo de la niña será una manía,

un amor pasajero, algo nada serio,
lo cierto es que ella nos quiere a los dos.

Y a mí qué más me da,
es el amor cuando se quiere de verdad.
Qué tiene de especial
enamorarse libremente de la gente,
siempre fue lo más normal.

Mi novia usa colonia de chico,
su mejor vestido es un pantalón.
Mi novia jugaba a muñecas de niña,
a cromos y a coches de competición.

Mi novia, mi mejor amigo,
mi ángel, mi vida, mi amor, mi pasión,
mi novia es tan femenina,
las chicas le gustan tanto como yo.

Y a mí qué más me da,
es el amor cuando se quiere de verdad.
Qué tiene de especial
enamorarse libremente de la gente,
siempre fue lo más normal.

Así es el amor,
no tiene edad, no tiene sexo, ni color.
Así es el amor,
no tiene edad, no tiene sexo, ni color.

A mí es que me da igual,
es el amor cuando se quiere de verdad.

Ella es tan natural,
enamorarse libremente de la gente
es lo más, es lo normal.

Enamorarse libremente es lo normal.
Enamorarse sí,
enamorarse es lo más, es lo normal.

26.
PETARDOS, MOROS Y CRISTIANOS: LA RELIGIÓN

Que cada uno crea en lo que quiera, porque está claro que hay que creer en algo. Yo creo en las personas, en la naturaleza y en mí mismo, y con eso me apaño. Y respeto cualquier otra creencia, siempre y cuando también me respeten a mí.

Viniendo de una familia católica, este va a ser un tema peliagudo de abordar. La verdad es que el asunto de la religión siempre me ha llevado de cabeza, sobre todo porque en casa esta ha sido una cuestión muy controvertida.

La primera parte de mi vida transcurrió bajo la acuciante influencia de la religión católica. Mis padres pertenecían a un grupo cristiano muy liberal, muy moderno, pero cristiano, al fin y al cabo. Los domingos tocaba misa, y los jueves catequesis. Estas últimas las impartían las madres del grupo, que contaban las historias del Nuevo Testamento versionadas para niños. Tengo que confesar que nunca me las acabé de creer, pero algunas me resultaban fascinantes, como la del milagro de los panes y los peces. Para finalizar cantábamos alguna canción, y eso ya me gustaba menos, porque siempre las encontré muy cursis. Fui pasando por el mundo de Dios sin pena ni gloria: bautizo, clases de catequesis los jueves por la tarde, comunión, confirmación, misa los domingos, y en verano al campamento del Opus Dei, con lectura obligada de *El Camino*, de monseñor Escrivá de Balaguer (bajo un sol de justicia cada día de doce y media a una del mediodía).

A la que pude, que fue al cumplir ya una cierta edad, me escaqueé de todo. Bueno, de todo menos de la misa de Navidad. A esa iba siempre en el pueblo, llevara el resacón que llevara (porque es justo el día después de Nochebuena). La abuela Isabel quería que fuéramos y los mandatos de la abuela eran ley. Hasta el día en que murió acudí todos los 25 de diciembre a misa de 12. ¡Y punto! Pese a todo, nunca me gustó el carácter castrante de las homilías que aquel cura soltaba cual arcángel venido del cielo, con frases como: «Si te portas mal no irás al cielo», «Arrepiéntete de tus pecados», «Somos culpables desde que nacemos», «Hemos venido al mundo a sufrir»... Por no nombrar el tema de las oraciones: aún oigo en los bancos de la derecha de la iglesia (en donde se sentaban las mujeres, que eran las únicas que se las sabían) aquello de «Por mi culpa, por mi culpa, por mi gran culpa». ¡No me extraña que nuestros antepasados vivieran tan acojonados! Y es que según la Iglesia todo lo que hacían estaba mal, y ya sabemos que la Iglesia siempre ha sido muy poderosa.

En fin, por si acaso jamás pisé un confesionario, porque nunca me sentí ni pecador ni culpable de nada. Y en la vida, más que sufrir, he intentado pasarlo lo mejor posible, porque de eso se trata, ¿no?

Mi ruptura con el catolicismo vino con la llegada al instituto de un nuevo profesor de Religión, ya que antes nos impartía la asignatura el profesor de Física, a modo de materia teórica, sin ningún tipo de énfasis religioso por su parte. Total, que un día el nuevo profesor, un tipo joven y simpático al que se le veía buena persona, nos reunió a unos cuantos chicos para hacer en su casa unas sesiones extraescolares. Nos invitó a un refresco y de primeras nos suelta: «¿Vosotros os masturbáis?». Con quince años y la pubertad a todo gas, pues, ¿tú qué crees? Algunos chicos contestaron y él empezó a advertirnos de lo malo que podía ser la autocomplacencia, hasta el punto de que por masturbarte te podías quedar ciego. ¡Madre mía, y eso lo contaba un profesor de Religión de instituto a finales del siglo xx! ¡Se acabó! Y así fue como corté con el catolicismo.

Todavía ahora, en las sobremesas de las comidas familiares, se habla bastante de religión. Al jefe (mi padre) le encanta hablar de este tema, y rara es la vez que no acabamos discutiendo, porque nunca nos ponemos de acuerdo.

La religión, sea la que sea: ¿realidad o ficción? Porque la mayoría hablan de un dios, de milagros, de un mundo después de este, de la salvación... Sus doctrinas son muy parecidas. Que cada uno crea en lo que le parezca más oportuno, pues, como decía, toda creencia es para mí respetable. Ahora bien, eso de imponer los criterios religiosos por la fuerza, pues la verdad es que no. A lo largo de la historia, en el nombre de Dios se han justificado auténticas barbaridades, y en España mismamente por este asunto nos estuvimos dando de porrazos durante unos cuantos siglos (ahora moros, ahora cristianos) y también los dimos fuera, en la época en la que los españoles arrasábamos con todo, colonizando a diestro y siniestro (en el nombre de Dios, por supuesto). De igual modo, hubo durante muchos años rifirrafes entre católicos y protestantes. Y en nuestra historia reciente. Recuerdo no hace mucho una entrevista por televisión donde salía George Bush justificando la invasión de

Irak «in the name of God», a la par que Bin Laden justificaba su guerra santa «en el nombre de Alá».

Hoy tengo comida de Navidad, a ver si consigo convencer a padre de mis teorías acerca de la religión, aunque sinceramente, después de tantos años, lo veo complicado. ¡Ups! Os dejo, que veo que llega con la biblia bajo el brazo y, por la cara que pone y el traje que lleva (cruzado), creo que viene con ganas de guerra (como ya me lo conozco, yo llevaba el turbante *preparao*).

Ave María Purísima. Sin pecado concebida… Y eso, ¿cómo se hace?

27. *LUCY IN THE SKY WITH DIAMONDS*: LAS DROGAS

A mediados de los setenta fallece Franco y con su muerte concluye también la dictadura y llega la libertad. Y con la libertad, las drogas.

En una ocasión me comentaba mi venerado Antonio Vega que lo más *cool* en esa época era meterse heroína; si fumabas porros o tomabas ácidos (LSD) eras del montón, si esnifabas cocaína pues eras *enrollao*, pero lo más de lo más, lo realmente *snob*, era meterse «caballo». El problema estaba en que nadie sabía sus efectos secundarios, ¡y vaya si los tenía! La heroína hizo estragos en esa generación. Recuerdo la primera vez que entré en La Enagua, un club frecuentado por amigos míos de Barcelona (en esa época yo vivía en Sant Feliu de Guíxols, en la Costa Brava). El lugar era muy glamuroso, con sofás estilo Luis XV y candelabros con velas semiderretidas, como muchas de las personas que estaban en el bar. Cuando dejé de flipar con la decoración del sitio bajé las escaleras y empecé a ver gente tirada en los sofás, algunos tomando birras, fumando porros o conversando, otros simplemente desmoronados, inmóviles, con los ojos medio cerrados. Eso sí, todos parecían muy relajados. Llegué a la barra y pedí una copa. Al rato, cuando fui al baño, comprendí todo: los chicos y las chicas no iban a los servicios a aliviarse o a perfumarse o a pintarse los labios, iban al baño a *picarse* (es decir, a inyectarse heroína). Por el contrario, para la cocaína no hacía falta esconderse, las rayas se hacían en las mesas, entre cigarrillo y cigarrillo. Un despelote, vamos, a la par que una ruina para muchos de esos jóvenes y sus familias.

España era libre, y para la juventud libertad era sinónimo de diversión. Como me decía el otro día un buen amigo, el asunto era divertirse de lunes a domingo, las veinticuatro horas del día. El problema es que, para muchos, diversión era sinónimo de drogas.

Pero hablemos seriamente de las drogas, porque es un asunto que a mí personalmente me preocupa, y mucho. He vivido sus efectos y consecuencias muy de cerca y, joder, no veo que en las generaciones venideras haya una mejora, sino todo lo contrario.

Para mi desgracia empecé pronto con esa mierda, porque drogarse molaba mucho. Mi primera droga fue el alcohol, empecé bebiendo cerveza, pillando mis primeros colocones a cien pesetas la dosis (el precio de una lata de birra); después el tabaco; luego vinieron los porros, algún ácido que otro, y así me metí en el círculo vicioso. Fui afortunado por no caer en la heroína, porque la tuve muy cerca, aunque en su momento más álgido a mi generación nos pilló todavía algo jóvenes, aunque algún adelantado sí cayó.

Drogas duras *versus* drogas blandas. Drogas legales *versus* drogas ilegales. Pero ¿cuál es la diferencia?, ¿quién ha sido el tarado que se ha inventado esa clasificación? La primera vez que probé los porros recuerdo llegar a casa bastante aturdido, pero con mis facultades psicomotrices en orden. La primera vez que me emborraché no recuerdo nada (mi madre me contó que me tuvo que recoger totalmente inconsciente del baño de casa con la cabeza metida en el retrete lleno de vómitos). ¿Os habéis tomado alguna vez una pastilla de diazepam? Pues reíos de los efectos del éxtasis. Y quien dice diazepam dice Tranxilium, Valium, Dexedrina, Centramina, Prozac, Rohypnol, Optalidón, Mogadón, Codeisán, Trankimazín, Lexatín, oxazepam, clonazepam..., por enumerar algunos. Todos de venta en farmacias. Si queréis drogaros no hace falta que vayáis al Bronx de turno, en las farmacias venden de todo y mucho más barato. Y si queréis drogas sin receta médica entonces id a un *paki*, a un supermercado (también encontraréis drogas a muy buenos precios: *whisky*, vodka, etc.) o, más fácil aún, al bar de la esquina, os pondrán una dosis de alcohol con solo presentar vuestro DNI, e incluso puede que ni os lo pidan. ¿Pero en qué mundo vivimos?

Estoy preocupado porque veo a mi hija y a sus amigos, que son unos chavales y chavalas estupendos, y sé que en algunos años seguro que alguno tendrá problemas con esa basura.

Sin entrar a filosofar sobre por qué la gente las usa, las drogas no molan nada, pero aun así las seguimos promocionando a todo trapo: en series de televisión, en películas... Ser traficante es emocionante, además de que vives de puta madre: cochazos, yates y chicas estupendas. Todo lo que envuelve a ese mundo es glamuroso, *snob*, *cool*... Mola ser traficante. Mola consumirlas. Es divertido.

De vez en cuando podrían emitir alguna película sobre lo que sucede en las narcosalas, en los barrios periféricos de Medellín o en el sur de Washington D. C. Hace poco falleció el cantante Prince de una sobredosis de medicamentos, al igual que Michael Jackson cinco años atrás. Ya lo he dicho antes, yo empecé joven en ese sórdido mundo, de lo cual no me siento para nada orgulloso, sino más bien arrepentido, porque quién me dice a mí que el haberle dado leña al cuerpo no haya tenido que ver con el cáncer que ahora sufro y que, por otro lado (veámosle el lado bueno), ahora me mantiene alejado de las drogas (y digo drogas porque para mí no hay diferencia entre las que venden en las farmacias, los supermercados y las que venden en el barrio del Raval de Barcelona).

Para ir terminando, tengo una mala noticia: parece que la heroína vuelve. Hace cuatro años se llevó a un amigo al que adoraba y que lo había dejado hacía más de treinta, pero se reenganchó, y vete a saber a cuántos más se va a llevar por delante.

P. D. Os recomiendo un par de documentales sobre el tema: *La vida loca*, de Christian Poveda, y *Matones con receta*, de Chris Bell.

28.
BACK TO THE FUTURE

Al igual que la suerte, el futuro no existe, como tampoco existe San Valentín o el monstruo del lago Ness. Para mí lo que cuenta es el presente, porque he pasado demasiados años de mi vida haciendo planes de futuro en vez de disfrutar del momento. He sido más hormiga que cigarra, y por eso en la vida creo que me he perdido muchas cosas, y de las que no me he perdido me queda la duda de si las habré disfrutado lo suficiente. Cuando eres de los que haces planes, siempre, en todo momento, en cualquier situación, tienes una parte de tu cerebro ocupada en algún plan.

El futuro es como un oasis en el desierto, pero un oasis de esos que ves porque te estás muriendo de sed, pero que cuando llegas resultan ser un espejismo. Se ven a lo lejos, y a medida que te arrastras por el suelo, se van desvaneciendo, porque los espejismos tampoco existen.

El futuro es como el oasis de la vida. En él depositamos nuestras esperanzas, nuestros anhelos, nuestros sueños imposibles. Miras para adelante y te imaginas que estas Navidades te tocará la lotería, que encontrarás a la mujer de tu vida, que dejarás de fumar, que te ascenderán en el trabajo. No digo que no haya que ilusionarse con las cosas que te puedan suceder, pero lo que está claro es que para que sucedan hay que poner algo de tu parte, y ese algo tiene que ser desde el presente. Si quieres que te toque la lotería compra números; si quieres encontrar a la mujer de tu vida, sal a buscarla hoy; si quieres dejar de fumar, no entres en el estanco; y si quieres un ascenso, pues cúrratelo desde ya. Quiero decir con esto que a veces esperamos mucho del futuro, sin tener en cuenta que el futuro es tan incierto como imprevisible. Confiarle nuestra vida no es la mejor de las opciones.

En cambio, el presente está aquí mismo, es el ahora, el momento. Es al revés, con lo que haces ahora construyes lo que vendrá. Es decir, que el futuro es la consecuencia del presente. El azar es un factor que también juega, pero en todo caso está fuera de nuestro control.

El futuro es el presente de mañana, pero ¿quién sabe lo que va a suceder mañana? ¿Y para qué saberlo si con estar aquí es más que suficiente?

Por ejemplo, nunca iría a un vidente a que me echara las cartas; primero porque no me creo nada, pero si me lo creyera, ¿para qué saber lo que me va a ocurrir mañana si lo que estoy viviendo es hoy? Tampoco iría a la iglesia a pedirle a Dios que me ayudara a conseguir esto o lo otro. Si el futuro es incierto, imaginaos los milagros, ya le pedí alguno en su momento y no me hizo ni caso.

Pero retomando lo que comentaba antes cuando hablaba de que, aunque el futuro no exista, no hay que perder la ilusión por las cosas que vayan a suceder, algo tiene el futuro que me fascina, y es que además de un espejismo es también el paraíso en donde viven la mayoría de los sueños. Antes me refería a los sueños imposibles, pero en el futuro caben todos, los posibles también. El futuro alberga mucha ilusión por conseguir retos, por lograr objetivos o simplemente por hacer realidad los sueños, sean pequeños o grandes. Y en ese sentido le reconozco un valor inestimable, porque hay pocas cosas en la vida que te puedan hacer tan feliz como alcanzar los sueños que te propones.

Sea como sea, me quedo con lo tangible, con lo material, con lo que veo, siento, toco y huelo hoy, en este preciso momento. Dadas las circunstancias, me quedo con el presente, que es lo que de momento más ocupado me tiene. Ya habrá tiempo para pensar en lo que venga, y en todo caso, cuando venga, que sea una sorpresa, porque las sorpresas, al igual que los sueños, también molan mucho.

P. D. Es curioso porque, aunque no crea en el futuro, aunque piense vehementemente que en efecto no existe, sigo haciendo planes. Alguien dijo alguna vez que el ser humano es un animal que vive en constante estado de contradicción. Lo suscribo absolutamente.

29.
UN PARAÍSO LLAMADO *ALUCILANDIA*: LOS SUEÑOS

El día que deje de soñar ya me puedo morir. Los sueños son una parte muy importante de mi vida, y no me refiero a los sueños que tienes mientras duermes, sino a los que te vienen cuando estás despierto. Mi madre me decía a menudo que era un «somiatruites», expresión catalana que mal traducida sería como «sueña truchas». ¡Qué maravilla, la de cosas que me sugiere! Aún sin entender bien su significado literal, que no sé si lo tiene, me lleva al mundo de la fantasía por varios caminos.

¿Quién no ha ido nunca a pescar truchas o lo que sea? De pequeños, en verano, íbamos a pescar con mi padre y mis hermanos. Llegabas al río, preparabas la caña, la tirabas y te ponías a imaginar la cantidad y el tamaño de los peces que ibas a sacar del río. A las dos horas, sin que picara nada, ese sueño se desvanecía, pero tenías la cabeza llena de muchos otros, fruto del hipnotismo que provocaba el movimiento pendular del corcho en el agua. En mi caso, la cosa siempre iba un poco más allá: veía truchas flotando en el aire, peces de colores nadando entre los pinos o delfines que saltaban haciendo piruetas de montaña en montaña. Y a todo le ponía música.

El concepto de «somiatruites» va asociado al del soñador. Y el aquí presente es un soñador compulsivo, adicto a la irrealidad, a la fantasía en vena. Desde muy niño soy capaz de conectarme en un plis al mundo de los sueños e imaginar cualquier situación de la manera que más me convenga, lo cual me lleva a vivir las más fantasiosas e insospechadas aventuras. Las vivía de pequeño y las sigo viviendo ahora, como si tal cosa. En mis sueños no existía el colegio, Mickey Mouse y Pluto eran de verdad, los botes de Nocilla no se acababan nunca y todos los días de la semana eran sábado (porque los sábados había croquetas y las croquetas de madre eran lo que más me gustaba en el mundo). Ya de mayor, cuando iba a los conciertos, me veía en el escenario al lado de Tina Turner, tocando la guitarra y haciéndole los coros. Pero, insisto, no lo soñaba de noche, lo estaba viviendo en el momento, en directo, y sin tomar nada, ¿eh? Lo mismo me ocurría cuando me gustaba una chica. Me quedaba embobado mirándola y me imaginaba cómo se giraba, cómo me miraba con los ojos del amor y cómo me preguntaba si quería ser su novio, y después me besaba. Es verdad que la realidad distaba mucho de mis fantasías, pero ¡y lo bien que me lo pasaba!

Casi cincuenta años y sigo soñando. Dicen que los sueños son cosa de niños, que cuando uno se hace mayor debe enfrentarse a la realidad y dejarlos a un lado. Pues yo digo que no, que prefiero ser un niño, porque el soñar no tiene límites, ni impedimentos, ni trabas. Uno hace los sueños a su medida y nada ni nadie puede entrometerse. Creo en la gente que sueña, porque los sueños son infinitos. Creo en la gente que es capaz de mover el mundo con los ojos cerrados, aunque solo sea por un instante, moldeándolo a su antojo.

Una vez tuve un sueño: quería ser músico. No busqué una explicación, ese era mi sueño, suficiente. Cada noche escribía canciones y tocaba mi guitarra, dormido, no importaba que nadie me escuchara. Ese era mi sueño y nada podía privarme de él.

Y llegó el día en que pensé que ese sueño podía hacerse realidad. ¿Dónde estaba la frontera? Y aposté por ello. Nada que perder. Si la cosa salía bien, pues bien, y si no, pues a seguir soñando, porque, al fin y al cabo, ¿quién podía negármelo?

Estas canciones van para la gente a la que no le asusta soñar, y que no tiene miedo a intentar convertir sus sueños en realidad porque, lo consiga o no, lo que cuenta es el haberlo intentado.

Este texto lo escribí en diciembre de 1995, hace más de veinte años, pero sigo suscribiendo todas y cada una de aquellas palabras. Después la realidad superó de largo a la ficción. Fue casi como vivir otro sueño, pero este era de verdad. ¿Lo veis? El mundo de la fantasía no tiene límites, ese sueño se hizo realidad, pero es uno de mil. La mayoría se quedan en *Alucilandia*, esa parte de mi cerebro en donde todo es posible.

Soy un *somiatruites*, un *tarao*, un fantaseador, un Quijote. La imaginación me puede. Quizá por eso pasaba más tiempo mirando por la ventana que atendiendo en clase. Quizá por eso he volado como los pájaros, he nadado como nadan los peces, he sido el mejor amigo del pirata Jack Sparrow, he tocado con Keith Richards y he sido novio de Charlize Theron. Quizá por eso escribo canciones. Y quizá por eso ahora soy músico.

Así que voy a seguir soñando hasta el fin de mis días, porque soñar es infinito, porque no sé qué haría sin mi vida en *Alucilandia*, porque soñando soy feliz.

~~||||~~ Realidad o sueño

Deja que te hable de mis sueños,
que tras el tiempo se escondieron
pero que contigo han vuelto.

Deja que te hable de mis sueños,
que con el tiempo se perdieron
confundidos en el silencio.

Sueño con los ojos abiertos,
puede que pienses que estoy loco
porque me creo lo que sueño.

Y si tú quieres te los cuento,
los escribí en un libro abierto
en el lenguaje de los sueños.

¿Qué hay de malo en perseguir los sueños?
¿Qué hay de malo en soñar despierto?

Sueño en color, sueño en verso,
en historias con argumento,
en canciones que al fin resuelvo.

Flotan guitarras en el cielo,
veo montañas en el techo,
para los sueños no hay secretos.

Creo en los sueños infinitos,
aquellos que tienen los niños,
que se acarician con los dedos.

Creo en los sueños verdaderos
que corren sin rumbo ni dueño,
y a los que nadie puso un precio.

¿Son los sueños realidad o sueños?
¿Es la realidad verdad o un sueño?

¿Qué hay de malo en perseguir los sueños?
¿Qué hay de malo en soñar despierto?
¿Son los sueños realidad o sueños?
¿Es la realidad verdad o un sueño?

30. EL CATETO UNIVERSAL

Deben de ser mis orígenes campestres, o mi falta de cultura en general: soy un cateto, lo reconozco, pero es que lo del arte contemporáneo me cuesta. No lo entiendo, no le veo la gracia.

Durante una época larga tuve una novia estudiante de Historia del Arte, que cuando acabó la carrera se fue a Londres a vivir. Fui a visitarla un par de veces. Recuerdo especialmente una de ellas. Sería sábado por la mañana, la noche antes habíamos salido de marcha, y el apartamento donde vivía era de un solo ambiente, con lo que oí ruidos y me desperté. Ella ya estaba vestida y desayunando, y se había puesto muy guapa.

—¿Qué haces despierta tan pronto?

—Venga, sal de la cama, que esta mañana nos vamos a la Tate —la Tate Gallery es el museo de arte contemporáneo de la capital inglesa—. Hay una expo de Rothko que no nos podemos perder. Ya verás, te encantará.

Me levanté con la resaca, ducha rápida, desayuno y *p'al* museo. Enfilamos el pasillo hacia donde estaba el monográfico de Rothko y de repente nos encontramos una tremenda cola que terminaba en una sala donde estaban sus pinturas. Después de por lo menos una hora por fin llegamos. La sala era pequeña, solo había tres grandes cuadros y un banco en medio. La gente se sentaba de tres en tres para contemplarlos. Se los veía muy concentrados, incluso gesticulando con la mano, como apuntando con el dedo hacia ellos, como midiéndolos a distancia. El cuadro frontal era todo de color rojo con un punto negro en medio. El de la derecha era todo negro con un punto rojo en medio. El de la izquierda, fondo blanco con punto negro. Me pareció que lo correcto era ceder el sitio que me correspondía en la banqueta a otro que supiera apreciar el mensaje que escondían los cuadros, porque yo, sinceramente, no lo supe captar.

Después subimos a la primera planta. Allí había otra superexposición titulada *Compilations*, que sería algo así como «recopilaciones» o «colecciones». El artista era de Nueva York, aunque ahora no recuerdo el nombre. La primera *compilation* era una urna de metacrilato llena de pelotas de tenis amarillas; ¡empezamos bien! La segunda, un montón de televisores viejos desordenadamente apilados, algunos funcionando, otros no, algunos en blanco y negro, otros en color. Pero de la *compilation* que más me acuerdo es de la que traducida decía algo así como «La papelera del baño de mi mujer». En otra urna también de metacrilato el artista había vaciado la papelera del baño de su mujer: compresas, condones usados, restos de pelo, una botella de suavizante, uñas postizas desechables, palitos de algodón, toallitas íntimas, etc. Lo cuento con ese nivel de detalle porque es realmente lo que había dentro. Es más, me vine arriba e intenté, a partir de lo que vi, crearme un retrato mental de la señora. Me salió Ava Gardner, con lo que quedaba claro que tampoco había entendido nada.

¡Vaya huevos el puto artista de Nueva York! Si quería una *compilation* impactante que me hubiera llamado, que le hubiera dado el cubo de basura de mi cocina después de un fin de semana de fiesta en casa. ¡Ahí sí que hubiera encontrado tela de la buena para hacer una *compilation*!

Siempre me ha llamado la atención cómo harán para falsificar el arte contemporáneo. ¿Existirán falsificaciones? Por ejemplo, ¿cómo falsificar la *compilation* de las pelotas de tenis amarillas? A mí no se me ocurre nada. En fin, dejemos el tema.

Claro que nuestros colegas del mundo de la pintura podrían decir lo mismo de la música minimalista, cosa que yo suscribiría. O del *free jazz,* del que opino lo mismo. O de la música *indie*, que menos en algún caso sin duda también suscribiría.

Porque con la música *indie* me ocurre lo mismo, no la entiendo. En el capítulo «¿Tú diseñas o pintas?» de este libro describo mi experiencia cuando asistí a una reunión de algunos amigos de mi amigo Javier Liñán, no entraré en detalles para no repetirme, pero entre ellos había un músico muy *cool*, con su rollo *hipster gafapasta*, que tocaba en un grupo *indie*. Detrás de la silla tenía apoyada la funda de una guitarra, le pregunté por la marca, abrió la funda y me la mostró: era una Rickenbacker preciosa. Son guitarras que suenan muy bien, para tocar pop rascado, pero la verdad, en manos de un guitarrista *indie*, cuidadín. El colega estuvo toda la tarde dándome la chapa sobre los distintos sonidos que le podías sacar a la cuerda según ponías el dedo *asín o asán*. Yo solo pensaba en que cuando tocas la guitarra sueles poner más de un dedo, pero, en fin, él insistía, así que no osé decirle nada.

Traía la guitarra porque por la noche tenían concierto, y allí nos fuimos. ¡Madre mía, qué malos!, no se salvaba ni uno: el guitarrista no atinaba ni una nota, el batero era incapaz de hacer caminar ni un solo ritmo, el pianista cada vez que tocaba parecía que estaba en otro tema y la cantante, muy mona ella, aparte de pasarse todo el bolo susurrando, desafinaba de flipar. ¿Te crees que por tener una Rickenbacker, barba de dos meses y las gafas de Buddy Holly ya eres músico? Pues no, majo. Para ser músico, además de talento, hay que haberle metido horas al instrumento. Al instrumento y al local de ensayo.

Eso sí, cantaban en inglés, en un inglés *supercool*, como de Móstoles pero con chicle en la boca. Vestían muy *in* también, con ropa comprada en Berlín, en alguna tienda de segunda mano. Llevaban el pelo largo, la barba frondosa y, muy importante, durante todo el concierto no levantaron la vista del suelo, porque eso es *requetecool*. Lo peor era cuando ponían cara de éxtasis cada vez que el guitarrista tocaba una nota o el teclista apretaba una tecla. ¡Era todo tan sublime, tan delicado, tan... patético! Y mira que resulta que los notas eran una de las bandas del momento de la escena musical *indie* madrileña. ¡Joder, no quiero ni pensar cómo serán las malas!

Perdonadme, artistas contemporáneos y músicos de la escena *indie*, por esta pequeña sátira, pero es que de verdad me cuesta mucho conectar con estos mundos tan peculiares. Me declaro cateto universal.

En una ocasión escuché una tertulia de cine donde le preguntaban a uno de los participantes acerca de una película. El hombre, un crítico de cine bastante respetado, con mucha prudencia e ironía, contestó que, a pesar de ser una película mala de cojones, había recibido tan buenas críticas que no se atrevía a decir lo que pensaba de ella, con lo que para no quedar mal diría que el vestuario era muy bonito y la película muy delicada. ¡Ja, ja, ja, ja! Buenísimo.

A partir de ahora, cuando me vea en una situación comprometida, y para no herir sensibilidades, diré, en el caso de los cuadros, que los colores eran muy bonitos y las formas muy delicadas. Y en el caso de la música, que los artistas eran muy bonitos y los sonidos muy delicados…, o viceversa.

31.
ESTAMOS PROHIBIDOS

Estando de gira por Estados Unidos se hizo la hora de comer y paramos para abastecernos en un inmenso hipermercado. Si no habéis estado nunca en un Walmart, imaginaos un campo de fútbol, con gradas y todo, repleto de millones de productos para comprar. Para entendernos: es un inmenso parque de atracciones para consumidores de productos envasados.

Buscando leche de avena —que, por cierto, no encontré—, vi a una chica joven, no pasaría de los treinta, muy obesa, sentada en un carrito eléctrico, paseándose de pasillo en pasillo. Estos son una especie de motoreta de tres o cuatro ruedas que venden en ese país precisamente para que la gente con limitaciones psicomotrices pueda desplazarse, por ejemplo, al híper a comprar. A la chica, cuya «limitación» parecía ser únicamente su peso, la acompañaba un empleado del establecimiento. Ella conducía e iba señalando los productos que quería, y el empleado se los iba metiendo en la cesta del carrito. En ese momento me vino a la cabeza una imagen: ella sentada en el sofá de casa, comiendo un enorme saco de palomitas y bebiendo un «refresco azucarado» de litro, viendo la televisión y tragándose los sesenta *realities* distintos que hay en sus doscientos canales (sin contar los de pago). Luego la imaginé viendo los informativos, en su mayoría sensacionalistas, y entre tanto devorando anuncios de comida basura a la vez que mágicos tratamientos para adelgazar.

De vuelta a la furgoneta, comenté el asunto con Luis, nuestro superagente en Estados Unidos. Luis me respondió rápido: «¡Claro!, ¿no lo entiendes? Es muy fácil. Se trata de tener a la gente la mayor parte del tiempo posible sentada delante del televisor». Al principio no entendí. ¿Qué tendría que ver el carrito eléctrico con sentarse delante de la televisión? Y a base de pensar, ahí comencé a desarrollar una excéntrica teoría que, con el tiempo, fue tomando sentido: «cebar a la gente para que no se mueva». Cuando te cuesta moverte, ¿qué haces? Te quedas en casa. ¿Dónde? En la cama o en el sofá. ¿Haciendo qué? Pues como me aburro, viendo la televisión. Y ahí está el quid de la cuestión: a través de la televisión puedes controlar al rebaño, a la masa. Para empezar, les meto unos cuantos *realities* que hablen de asesinatos, de cárceles, de policías y ladrones, de armas; luego les introduzco el miedo en el cuerpo por medio de los informativos y los convenzo de que saliendo por la puerta de su casa está el enemigo, así que mejor ni te muevas del sofá que yo te protejo; ahora que los tengo bien sentados, les endoso una batería de anuncios de comida superalta en grasas saturadas, pero con un aspecto irresistible. Que coman y beban, pero que no se muevan. Así lo hacemos en las granjas de cerdos o pollos, los engordamos tanto que después no pueden ni moverse. ¿Moverse? Total, ¿para qué?, si en la caja tonta lo tienen todo. Por último, como vienen elecciones, los voy a acabar de atontar con otra batería de mensajes y promesas que sé que quieren escuchar; promesas y mensajes que después me pasaré por el forro de los cojones, porque como no salen de casa nadie se dará cuenta de que no los he cumplido.

Tremendo, ¿no? ¡Qué teoría tan absurda! No puede ser. No puede haber nadie tan perverso como para organizar una trama de este calibre.

Pues a lo mejor sí, porque toda esa gente que está sentada en el sofá delante de la televisión y que va a comprar en su carrito eléctrico son los que también usan el carrito para ir a votar. Y votos = poder.

La televisión sigue siendo el principal elemento de comunicación en el mundo. Y por desgracia, en vez de usarla como elemento civilizador y culturizador, lo cual debería ser su principal cometido, es utilizada para lavar cabezas y manipular con sus mediáticos contenidos nuestras ideas y pensamientos.

Recuerdo los atentados del 11-M en Madrid como si fuera ayer. El Gobierno de Aznar hizo responsable de la masacre a ETA. No tenían información, era imposible determinar en tan poco tiempo quién había sido el verdadero culpable, pero había unas elecciones generales que ganar, y pusieron la maquinaria en marcha: los informativos de los canales de televisión que ellos controlaban, las portadas de los periódicos que les eran afines, la manera en que divulgaron la mentira, sin ningún tipo de base ni conocimiento…, ¡fue impresentable! Afortunadamente la mentira no cuajó, y les costó las elecciones. Ahí quedó al descubierto cuán fácil es manipular la información según los intereses de unos u otros. Lo mismo pasó con la guerra de Irak y con tantas y tantas falsas noticias con las que a diario bombardean nuestros cerebros. Las noticias no son opiniones, se trata de hechos probados que no dan margen a la interpretación. Son blancas o negras, pero una y otra vez acaban tomando tonos grises según convenga a quienes mueven los hilos.

Patético. Deplorable. Imperdonable. La información se falsea y no pasa nada. Después se pide perdón y listo. Pero ¿qué pasa con las consecuencias? ¿quién paga los platos rotos? Porque platos rotos los hay, y los daños colaterales de estas chapuzas pueden acabar siendo muy graves.

Hay que estar atento, no creerse nada, ni de los unos ni de los otros. Claro que hay que estar informado de lo que pasa, pero siempre procurando verificar la credibilidad de quien manda la información. Y contrastar las noticias siempre que se pueda.

¡Mucho cuidado con la información que nos despachan! No importa de dónde venga. El límite de la verdad ya se rebasó hace tiempo; la información no se da, se vende; la información ya no informa, manipula; la información es un gran negocio, normalmente al servicio del poder. Puede parecer un pensamiento estúpido, como la teoría del carrito eléctrico, pero, queridos, visto lo visto, y ya que los medios de comunicación no siempre dicen la verdad, tampoco creo que sea una idea tan descabellada. Y si no, que les pregunten a los millones de españoles que, creyendo lo que anunciaban en televisión, compraron acciones preferenciales de Bankia pensando que se harían ricos y acabaron perdiendo su dinero. Al final la cosa tampoco fue tan grave, al menos para el cabecilla de la trama, un tal Rodrigo Rato, que había sido director general del Fondo Monetario Internacional, ministro de Economía y vicepresidente del Gobierno en la época de Aznar, y que después de estafar a media España encontró otro trabajo como asesor de otra gran compañía, sueldo astronómico *included*. Y los desafortunados accionistas... con el tiempo por lo menos pudieron recuperar el dinero que habían invertido. ¿Quién pagó los platos rotos? Pues todos los españoles, con nuestros impuestos. Ya saben, Hacienda somos todos.

«Así son las cosas y así se las hemos contado.»

Sale a escena

Sale a escena un tipo que da pena.
Elegante, aparente,
como seguro de sí mismo.
Un mentiroso con estilo
recitando, prometiendo,
moviendo los brazos como un espantapájaros.
Es políticamente correcto, un tramposo, un payaso.
Al rato el cuento se acaba
y lo que ha dicho
no ha servido para nada.

Sale a escena un charlatán
que persigue la noticia,
le gusta ser el artista, sentirse protagonista,
el número uno, el rey de la pista,
la información no es importante pero sí los titulares.

Guerra, violencia, muerte: vende.
Amor, esperanza, verdad: no vende.
No se vayan todavía que aún hay más,
volvemos después de la publicidad.

El teatro está al completo,
va a empezar otra función,
el público espera
a que le den la medicina.
Hoy la gente está impaciente,
se levantará el telón,
realidad y ficción
están más cerca cada día.

Sale a escena un televisor,
contra el arte, la cultura, la inteligencia, la literatura,
teleadicción, manipulación, *too much information.*
Mecanismo de control contra la comunicación,
venta de ideologías contra las ideas propias,
telebasura contra la cultura,
fiesta sensacionalista con actores de segunda fila.
La caja tonta, dicen.

Sale a escena una persona, joven, mujer.
Son las 7:30 de la mañana del 11 de marzo de 2004,
estación de Atocha, Madrid.

32. CORRUPCIÓN EN MIAMI

Llegando a Hospitalet de l'Infant, en la provincia de Tarragona, hay una playa a la que han bautizado con el nombre de Miami. Podría parecer una paletada, pero no va la cosa tan desencaminada, dado que vivimos en un país donde la corrupción es millones de veces mayor a la de Miami, seguro. En España no hay ni Sonny Crocketts, ni agentes Tubbs, ni tenientes Castillo, ni Ferraris Daytona ni ametralladoras, ni el *glamour* de Ocean Drive, porque en nuestro país los gánsteres son de guante blanco, mayormente políticos, sean de ámbito municipal, autonómico o estatal, da igual. Chusma que, en vez de gestionar nuestros recursos y hacernos la vida más fácil, se dedican de forma profesional a malversar fondos públicos allá donde los haya.

Hacienda somos todos. ¡Y una mierda! Los que pagamos impuestos, puede, aunque ahí también tengo mis dudas, pero los que los reciben de vuelta ni de coña somos todos. A la hora de cobrar unos son mucho más que otros, lo chungo es que reciben el dinero procedente de los impuestos y lo gastan de forma fraudulenta, mayormente en su beneficio personal.

Escribir este capítulo me da mal rollo. No tengo ganas, pero voy a hacerlo, porque como ciudadano tengo el derecho y el deber de quejarme. Porque a nadie le gusta que le timen y tiene cojones que los que más nos roban sean los políticos que en teoría hemos elegido para que, paradójicamente, nos protejan contra los timadores. Políticos regidos, dicho sea de paso, por un código ético que muchos se pasan por el forro. Al contrario, en este país la clase política ha convertido el asunto del timo en un deporte nacional. Perdonadme el vocabulario, pero es que el tema de este capítulo me pone de muy mala leche.

Lo de la corrupción en España viene siendo una tradición deleznable, asquerosa, impresentable, pero una tradición, al fin y al cabo. Ya lo ilustraba un escritor anónimo a mediados del siglo XVI en su novela *El Lazarillo de Tormes*. Desde entonces la cosa se ha profesionalizado hasta niveles insospechados: la casta política española ha hecho de la corrupción un *modus vivendi* con una desfachatez acojonante. Da igual si hablamos de derechas o de izquierdas, desde que España es democrática casos ha habido en los dos bandos a patadas, aunque sí es verdad que en las últimas legislaturas del Partido Popular la cosa ha sido flagrante. Lo peor de todo es que en España se sabe, se dice y no pasa nada. Ni los corruptos van a la cárcel, ni devuelven la pasta, ni nada de nada: Correa, Bárcenas, Rato, Granados, Fernández, Fabra, Pujol, Matas, Costa, Blasco, Urdangarín... La lista es interminable.

Hubo un tiempo en que íbamos de gira y en todos los pueblos y ciudades donde tocábamos había un auditorio y un complejo deportivo que alucinabas. Algunos lugares eran localidades pequeñas de solo mil habitantes y a pesar de eso tenían su campo de fútbol reglamentario —incluso algunos con césped natural—, piscina cubierta climatizada y gimnasio a tutiplén. En especial me acuerdo de los auditorios: eran muy bonitos y estaban fantásticamente bien equipados; de madera, con equipos de sonorización e iluminación de ultimísima generación..., pero todos poseían una cosa en común: sonaban como el culo y nadie sabía cómo funcionaban los equipos supermodernos. Era evidente que el que los construyó no tenía ni puta idea de para qué servía un auditorio. O sí lo sabía, pero le daba igual. Lo fundamental era que luciera, que costaran mucho dinero y, cómo no, la comisión que trincaba el concejal o el alcalde del ayuntamiento. Para no aburriros con el tema, os recomiendo un libro, *La casta autonómica: la delirante España de los chiringuitos locales*, de los periodistas Sandra Mir y Gabriel Cruz. Lo que han hecho en España estos gañanes —me refiero a los políticos— no tiene nombre, y así de mal nos va, el mundo se recupera de la crisis y nosotros aún estamos pagando los platos rotos. Y digo nosotros, los ciudadanos de a pie, porque la clase política sigue cobrando sus sueldazos, sus dietas, sus pagas extras y, a juzgar por lo que dicen los noticiarios, robando como si la cosa no fuera con ellos.

Recuerdo una ocasión en que tocamos en Valencia. Nos pasábamos de la hora de salir al escenario y le digo al mánager que teníamos que empezar. Él me contesta que no podemos porque aún no ha llegado el concejal de Fiestas. Le comento que nos estamos retrasando mucho y que el público se está empezando a mosquear. Este me replica que haga lo que quiera, pero si empezamos antes de que el concejal llegue no cobramos. ¿El motivo? El muy cabronazo había dado orden de que no empezáramos hasta que él llegara, porque quería que nos hiciéramos una foto con su hija. Esperamos, pues. El tipo, maleducado y soberbio donde los haya, finalmente llegó, se personó con su hija en el camerino y nos hicimos la foto de rigor. Nuestro mánager cobró nuestros honorarios y por fin hicimos el concierto. Cuando terminamos, el impresentable del regidor volvió a nuestro camerino, ahora con una corte de lameculos de aquí te espero, abrió la puerta, entró sin preguntar y gritó: «¡De puta madre, chavales! Salid fuera, que ahora toca sesión de fotos, que tengo que amortizar la pasta que me habéis costado. ¡A pagar el precio de la fama!». Creo que «hijo de puta» fue la expresión más suave que le solté, y lo eché a patadas del camerino. ¡Menudo sinvergüenza! Y que conste en acta que podría escribir otro libro entero contando casos como este. Así son muchos de nuestros políticos, no todos, pero muchos sí. Es lo que tiene el poder, que a muchos los vuelve imbéciles.

Comento otro caso que no tiene desperdicio: en 2008 al Gobierno balear se le ocurrió que, a falta de AVE, podrían montar una línea de tren entre Manacor y Artà (Mallorca), así que firmaron un acuerdo con el Ministerio de Fomento. Cuando el Gobierno balear presentó los números —¡443 millones de euros por 20 kilómetros de trazado!—, Fomento les dijo con razón que ni hablar, y aportó la parte que había firmado en el convenio, que era mucho menor. El problema es que, sin una vía puesta todavía, el gobierno autonómico ya había adquirido los vagones del susodicho AVE mallorquín ¡a cuatro millones de euros cada uno! Hoy en día no hay tren, el trazado lo van a convertir en un camino para hacer senderismo, los vagones se pudren en un almacén, y la pasta invertida... pues a tomar por saco. Ah, y por cierto, de los vagones que se compraron, la mitad eran de tren y la otra mitad de tranvía. Estas chapuzas y otras mucho más gordas son las que hacen nuestros políticos, aunque afortunadamente, como digo, no todos.

Y digo no todos porque escribo este capítulo en un momento en el que hay elecciones (26 de mayo de 2016), y entre los candidatos veo caras nuevas (menos en el Partido Popular, por el cual se vuelve a presentar Mariano Rajoy, lo quiera o no, capitán de esa selección de zafios y corruptos): Colau, Sánchez, Iglesias, Ribera, Garzón... Caras nuevas, gente buena, con ideales, principios, ilusión. Gente con ganas de cambiar de ciclo, de hacerlo bien. Me los creo. Ojalá ganen y echen a toda esa panda de chorizos que nos vienen gobernando a la vez que mangoneando desde hace ya demasiado tiempo. Espero que limpien el sistema político español de esa chusma que se ha llenado los bolsillos a costa de los impuestos que pagamos los españoles. Pero hay algo que deseo todavía más, y es que el poder no acabe corrompiendo a los jóvenes políticos que vienen, como ha ocurrido con muchos de sus predecesores.

Termino volviendo a recordar el libro de Sandra Mir y Gabriel Cruz, así como un par de programas de televisión que creo se han ganado a pulso la audiencia y la credibilidad que tienen: *El Intermedio*, programa informativo dirigido por el Gran Wyoming, y *Salvados*, de Jordi Évole.

¡Bufff! Menos mal que ya he terminado. Lo estaba pasando fatal. Me voy a dar una vuelta, a ver si se me pasa el mosqueo.

P. D.

—*Riiiiing... riiiiiing.*

—¿Sí, dígame?

—Hola, Pau, soy Sandra (de Tronco Records).

—Buenas, ¿alguna novedad?

—Sí, mira, me llaman del Ayuntamiento X, que quieren contratar a Jarabe para el verano que viene.

—¿Y dónde está el problema, Sandra?

—El problema es que no tienen dinero, pero dicen que el auditorio de ese lugar es espectacular, que ahí han tocado los grandes y que nos va a encantar.

—¡Ya empezamos!

33. EL SUEÑO DE UNA NOCHE DE VERANO: BERLÍN

La primera vez que estuve en Berlín fue durante una gira que hacíamos por Europa, a finales de la primavera de 2005. Llegamos a la ciudad a media tarde, y fuimos directamente hacia el Kulturbrauerei, una antigua cervecería remodelada donde había una sala de conciertos estupenda que visitaríamos en repetidas ocasiones. Por la noche ofrecimos un concierto. La sala estaba a tope, y eso que era nuestra primera vez en la capital. Después del espectáculo entraron al camerino dos alemanas rubias y supersimpáticas, Antonia y Kati, y salimos de fiesta por la ciudad. Berlín de noche me pareció estupenda y de día también, pero tuvimos que abandonarla pronto porque al día siguiente teníamos otra cita en Hamburgo.

Aquella visita no pasó desapercibida ni para Álex Tenas (batero de Jarabe desde los inicios) ni para mí, y decidimos que algún día volveríamos a Berlín, pero a vivir. No pasó mucho tiempo. Por cuestiones que ahora no vienen a cuento, tanto Álex como yo nos separamos de nuestras respectivas parejas y en ese trance decidimos los dos irnos a vivir a esta ciudad. Mi primer destino fue Kreuzberg, barrio turco invadido por *pihippies* de todo el mundo. Después me mudaría a la casa de Michael Wenders, sobrino del director de cine Wim Wenders (casualidades de la vida), y por fin me acabé comprando un piso en Zehdenicker Strasse, en el barrio de Prenzlauer Berg, mi favorito en la ciudad.

Llegué a Berlín con la furgoneta cargada de instrumentos y equipos de grabación, además de con muchas ganas de pasar página y empezar un nuevo capítulo en mi vida. Estaba muy excitado y con tremendas ansias de aventura. Como decía, me establecí en primer lugar en Kreuzberg. Lupe, pintora muy talentosa y amiga, me alquiló temporalmente su estupendo piso. Me instalé en la habitación de sus hijos y por un mes se convirtió en mi zulo. Menos comer, todo lo hacía allí. Dormir, componer, grabar... Llegué un domingo por la tarde, monté el chiringuito y al día siguiente salí a dar una vuelta. Lo primero que hice fue comprar una bicicleta de segunda mano por 30 euros (aún la conservo). La ciudad estaba *on fire*, y yo, a medida que la conocía, más *on fire* que la ciudad. No me lo podía creer: edificios modernos pintados de colores, gente en los parques tomando el sol en pelotas, grafitis que merecerían estar en el MoMA de Nueva York, piscinas flotando en el río, playas de arena blanca con chiringuitos en sus orillas, gente sentada en las miles de terrazas bebiendo cerveza...

Recuerdo llegar a un descampado que había detrás del Tacheles, antiguo hotel en el barrio de Mitte destruido durante la Segunda Guerra Mundial y ahora colmena de artistas con pocos recursos y mucho talento. En el descampado había un tipo alto, con cara de español, paseando a un perro de raza bóxer color blanco. «¡Gunter! Mea de una puta vez que tengo un cuadro a medias que quiero terminar.» ¿Estoy soñando? ¡Es de verdad! Ese tipo resultó llamarse Álex, alias «el Brochas», también pintor, en ese momento hiperrealista y con mucho talento. Tenía un pequeño estudio en la colmena y me invitó a subir a su guarida y a una cerveza. Aún somos amigos, yo aquí y él viviendo en Berlín y pintando unos cuadros alucinantes. Pero volvamos al día en que nos conocimos: lo que descubrí en ese edificio me quitó el sueño durante por lo menos quince días: había como cuarenta pequeños estudios, todos contiguos unos a otros, era como un hotel sin puertas en las habitaciones, con inquilinos que eran pintores, fotógrafos, *DJ*, músicos..., y en el que también había una compañía de danza contemporánea y un par de productoras de cine independiente. Cuando un *DJ* quería hacer un videoclip, hablaba con un pintor para el decorado, con los de la escuela de danza para una coreografía, con los del cine para la producción... Y así unos con los otros. Las ideas fluían a chorros y la interacción entre ellos era fulminante, en el sentido de la creatividad. ¡Menuda máquina de crear arte! Y cuánto talento junto. Eso me noqueó. Tuve la sensación de haber estado perdiendo el tiempo durante muchos años, pero nunca es tarde, ahora que lo conocía lo iba a aprovechar al máximo. Durante el medio año que pasé en Berlín rara era la tarde que no iba a visitar a Álex «el Brochas» a su estudio, y es que esa atmósfera me tenía totalmente anonadado. Por la noche regresaba al apartamento y me encerraba en el improvisado estudio de la casa de Lupe y me ponía a componer como un loco. Berlín estaba lleno de artistas, de los de verdad, y yo me sentía uno de ellos. En esa ciudad escribí todas las canciones de nuestro sexto trabajo, *Adelantando* (2007) y, por qué no reconocerlo, uno de mis discos preferidos.

Cerca del Tacheles había un pequeño bar regentado por uno de mis grandes amores durante mi estancia en Berlín. Después de la visita al «Brochas» cada tarde, con disciplina alemana, me iba a ver a «mi chica»:

alta, delgada, con los ojos rasgados muy azules y el pelo castaño, muy lacio, casi siempre recogido en un moño. Llegaba al lugar, me sentaba en la terraza, sacaba mi libreta y me ponía a escribir. Ella salía, seria, como buena berlinesa, y en un inglés bastante rudimentario me preguntaba todos los días, como si nunca antes me hubiera visto, lo que quería tomar, cuando yo iba siempre a la misma hora y pedía lo mismo: una Franziskaner de medio litro servida en vaso largo. Y ella, cada tarde, me preguntaba una y otra vez: «Peanuts or chips?» (¿cacahuetes o patatas fritas?). Estaba totalmente abducido por esa mujer. Nunca le pregunté su nombre, nunca intercambié otras palabras que no fueran «Hello, may I have a cold Franziskaner, please?», y cuando me marchaba del local, «Good bye». Eso fue todo. ¡Puta timidez! Pero la adoraba, y durante seis meses fue mi musa. Bueno, ella y alguna más, porque en esos días andaba yo muy... enamoradizo. Pero esa ya es otra historia.

Volvamos a Berlín, ¿qué se puede esperar de una ciudad que en menos de setenta años fue arrasada, partida por un muro, reconstruida y ahora tomada como símbolo de la reunificación alemana? Pues eso, que siga dando guerra, en este caso guerra cultural y creativa. Después de derribar el Muro, los alemanes se gastaron una auténtica fortuna en reconstruir la ciudad, la prepararon para que fuera la nueva capital política y económica de Alemania. Pero la jugada no salió bien, pues el poder político sí se instaló en la ciudad, pero no el económico, con lo que Berlín se quedó sin huéspedes con los que llenar los cientos de pisos e infraestructuras que se habían habilitado para el proyecto.

No pasa nada. Por aquel entonces Klaus Wowereit, el alcalde gay de la ciudad, se dio cuenta de que, a falta de ejecutivos, la ciudad podría estar habitada por artistas, así que la ofreció al arte. Era muy barato vivir en Berlín, y la ciudad, además de bonita y muy bien equipada, era ideal para llenarla de gente con muchas ideas y pocos recursos. Empezó con esa idea y consiguió que ahora Berlín sea uno de los principales centros *multiculti* del mundo. Detrás de los artistas, como siempre sucede, vinieron los *yuppies*, y ahora es también uno de los centros económicos del país. Ni Nueva York ni Londres ni *ná de ná*.

Y es que siempre digo que mis ciudades favoritas son Barcelona, México D. F., Buenos Aires, San Juan de Puerto Rico, París, Londres, Nueva York y Berlín, pero lo cierto es que, de todas ellas, donde esté Berlín que se quite todo lo demás. Berlín me voló la cabeza, en Berlín escribí un disco y pasé una de las épocas más maravillosas de mi vida. Fue increíble.

Es una ciudad que siempre llevaré en el corazón. ¡Qué bien lo pasé! Finalmente vendí la casa de la calle Zehdenicker y, aun sin ser alemán (y parafraseando al presidente Kennedy), «I'm a Berliner». O por lo menos, así me siento cuando voy. Berlín es una ciudad a la que seguiré regresando siempre que pueda, porque continúa siendo una gran fuente de inspiración para mí.

Como respondió el alcalde Wowereit a un periodista que le recriminaba la ruina económica que había supuesto la reconstrucción de Berlín: «Berlín es pobre, pero *sexy*».

Adelantando

Adelantando voy.
Andando despacio, sin prisa,
pero adelanto.
Adelantando, volando bajo.
De a poco a poco,
but no me paro.
Adelantando estoy,
en movimiento lento
pero avanzando.
Adelantando, pasito a paso,
más cortos, más largos,
pero siempre hacia adelante.

Adelantando, que no adelantándote.
El 1 es un mal número.
Número 1, *¿pa* qué? El primero, *¿pa* qué?
Con estar es suficiente para mí.
Uno más, que no uno menos.
Sumando, sembrando,
pensando en lo que voy a hacer.
Uno más, pero con nombre y apellidos.
Tirando de la cuerda.
Siempre hacia adelante.

Adelantando a la mala vida,
a la gente aburrida,
al mal ambiente.
Adelantando a la falta de ganas,
la mala vibra,
la mala suerte.
Pura vida *pa* mi gente,
buena onda, buen ambiente.
Dame cariño, respeto, amor.
Yo pienso positivo porque estoy vivo, porque estoy vivo
Love, Love!

Adelante, tú siempre adelante.
Adelante, tú siempre adelante.
Adelante, tú siempre adelante.
Adelante, tú siempre adelante.

¡Eh, tú, párate!
¿Dónde vas? ¿De dónde vienes?

Pasaporte, carné.
¿Pero tú de quién eres?
Tanto tienes, tanto vales.
Tanto vales, tanto eres.
Y a juzgar por lo que veo,
no tendrás mucho dinero.
Y no eres nadie sin dinero,
no eres *ná* sin presupuesto.
No me gusta tu aspecto
ni tu cara de moreno.
Así que párate,
a pasar por el aro,
que yo ya te diré
cuándo te puedes mover.

Adelantando.
Oye tú, tú que me miras,
¿es que quieres servirme de comida?

Adelantando.
Que no yendo *pa'trás,*
pisando el freno de vez en cuando.
Adelantando
y equivocándome.
A veces acierto, otras no tanto.
Y no paso por el aro.
Yo no paso por el aro.
Dame cariño, respeto, amor.
Que no paso por el aro.
Que me muevo, que no paro.

Que acelero, que adelanto.
Love, love!

Adelante, tú siempre adelante.
Adelante, tú siempre adelante.
Adelante, tú siempre adelante.
Adelante, tú siempre adelante.

34.
PAVAROTTI Y LA GUITARRA DE JAMÓN DE BELLOTA

La música me ha dado muchas cosas buenas, como por ejemplo el haber podido conocer de tú a tú a artistas que admiraba. ¿Quién me iba a decir a mí que un día estaríamos cantando *Guantanamera* en un escenario con doña Celia Cruz y el maestro Luciano Pavarotti? Pues por increíble que parezca, sucedió.

En 2001 nos llegó una invitación desde Italia. Se trataba de actuar en la gala benéfica «Pavarotti & Friends for Afganistán» que organizaba Luciano Pavarotti en beneficio de la ONG War Child, que tiene como objetivo ayudar a la población de países en guerra, y en especial a los niños. ¡Cómo no! Organizamos la agenda y, cuando nos confirmaron la fecha del 29 de mayo, viajamos a Módena, ciudad que da nombre al vinagre y en la que nació este tenor en 1935, y muy cerca de la fábrica de Ferrari, en Maranello. Llegamos en avión por la mañana y nos vinieron a recoger a pie de pista, con tremendos cochazos y guardaespaldas incluidos. Abro la puerta para subirme al vehículo y ahí ya me cae la primera bronca de mi *bodyguard*: «A partir de ahora la puerta siempre te la abriré yo, y te sentarás detrás de mí, nunca detrás del conductor». ¡A la orden, jefe, no he hecho la mili, pero por ningún concepto hubiera querido que semejante armario se enfadara conmigo! El chavalote debía medir dos metros y tenía un brazo que fácilmente era como mi pierna, o más. A continuación nos llevaron al recinto donde se celebraba el evento y esperé a que el gigante me abriera la puerta, ¿qué otra cosa podía hacer? Salgo y el «armario» me dice que siempre detrás de él, y que no cruce ninguna puerta si él no la ha cruzado antes. ¡Joder, por un momento pensé que estaba en Medellín, cuando en la época dura de la ciudad íbamos allí de promoción hace casi veinte años! Acojonante el nivel del sitio y de la producción, todo: camerinos, zona común, escenario, servicios, cáterin… ¡Top de gama, a la americana!

Como buenos invitados, le habíamos comprado a *il Maestro* un par de obsequios por tan generosa invitación: una cajita de seis botellas de Enate Cabernet-Cabernet, un vinazo *made in* Somontano con el que siempre quedas bien, y un jamón de Guijuelo de aquí te espero, Baldomero.

Nos situamos en la zona de camerinos a esperar

que llegara nuestro turno y, para matar el tiempo, se me ocurrió ojear la escaleta: Deep Purple, Barry White, George Benson, Tom Jones, Morcheeba, Anastacia… ¿Qué? Ojeé bien el programa por si era el de otro festival, pero efectivamente era el cartel para el «Pavarotti & Friends» de ese año. ¡Qué lujo! Al rato nos llamaron al escenario para ensayar la canción que teníamos con Celia Cruz y el Maestro. Subo la escalerilla y me lo encuentro de cara. La impresión fue muy fuerte. El Maestro Pavarotti era de esas personas que cuando te las encuentras te tiran *pa'trás*, no tanto por su corpulencia como por el porte, la clase, la manera en que te miraba, en cómo gesticulaba y se movía.

—*Ciao*, «Garabe» —los italianos no pronuncian bien la «j».

—*Ciao, Maestro.*

—*È andato bene il viaggio?*

—*Benissimo, Maestro.*

Estaba cagado de miedo, ¿qué le iba a decir? Por fortuna llevaba conmigo la caja de vino y el jamón, así que enseguida se lo ofrecí, dándole las gracias por habernos invitado a su evento. Al vino le hizo un caso relativo, aunque seguro que lo disfrutó muchísimo el día que lo abrió, pero cuando vio el jamón… se le iluminaron los ojos.

—Le hemos traído un poco de vino, que esperamos que le guste, y también un poquito de *prosciutto* de España.

—*Ohhhh!* Jamón de Jabugo —en realidad era de Guijuelo—, *il caviale spagnolo. Tante grazzie, caro amico... ¡Ranranrán, ranranrán!*

Lo de *ranranrán* lo digo porque agarró el jamón como si fuera una guitarra y se puso a rascarlo como si la tocara. Seamos honestos, en Italia se presume mucho del *prosciutto,* que es como un jamón salado, pero nada que ver con los jamones ibéricos, ¿eh? Su secretario se quedó con la caja de vino, pero *il Maestro* se llevó el jamón bajo el brazo al escenario y, «guitarra» en mano, ensayamos el *Guantanamera,* no sin antes proferirle un cariñosísimo saludo a doña Celia Cruz, quien nos esperaba en el escenario apoyada sobre una silla como quien espera el autobús. Porque ese escenario era para impresionar a cualquiera: dos directores de orquesta, uno únicamente para Pavarotti y otro para una orquesta de cuarenta músicos, más un coro de cuarenta personas más; en la parte de abajo nuestros instrumentos para el ensayo de *La Flaca;* a los lados una PA (sistema de sonorización del concierto) gigante, luces, escenografía... Recuerdo acabar el ensayo y a pie de escenario saludar a Morcheeba, ir al bar a buscar un refresco y encontrarme a George Benson conversando con Jordi Mena (guitarrista de Jarabe durante diez años) y, al rato, en el camerino de Celia Cruz, oír cómo llamaban a la puerta y detrás de dos megagorilas aparecía una mujer rubia de poca altura, de nombre Anastacia, que, al ver a la Señora, saludó con gran admiración.

Al día siguiente todo estaba preparado. El recinto era enorme y se llenó hasta la bandera. Antes del concierto se pasearon por el *backstage* gran cantidad de invitados que después vendrían a la cena benéfica: Donatella Versace, Giorgio Armani, Zuccaro, Berlusconi, actores, futbolistas, presentadores de televisión… y la que fue la mujer más admirada y venerada por la mayoría de los varones de mi generación en la adolescencia, Ornella Mutti, bella entre las bellas, por la cual casi llegamos tarde a la cena. Basta decir que cuando la vio Jordi se quedó como paralizado. Recuerdo que permaneció totalmente noqueado, tanto que al presentarse le dijo: «Hola, soy Jordi Mena, bajista de Jarabe de Palo». ¡Ja, ja, ja, ja!, todavía me río ahora al recordarlo. Y es que para nosotros la Mutti había sido un icono, como también lo fue la cantante Jeanette, a la cual también tuvimos la suerte de conocer en otra ocasión.

La cena resultó muy entretenida, toda la *crème de la crème* italiana reunida en un evento para recaudar fondos para los niños de Afganistán. Creo no haber visto nunca tanto *glamour* junto. Al término del acto nos fuimos a despedir de *il Maestro*, que estaba en una mesa enorme, en el centro del comedor, cual rey presidiendo un banquete. Le di la mano y las gracias por tan estupenda estancia en su festival. Él, sentado en su trono, me tira del brazo suavemente, se me acerca a la oreja y me dice: «Grazzie per venire, grazzie di cuore per la vostra musica, y especialmente grazzie per il *jamón de Jabugo*, mi è piaciuto da morire».

Actuar en un escenario con Celia Cruz y Luciano Pavarotti es una de esas cosas que contaré muy orgulloso a mis nietos cuando me pregunten por mi vida de músico, y cada vez que lo haga me acordaré de los tres inolvidables días que pasamos en la ciudad de Módena, de los artistas, del montaje, del *glamour*, pero sobre todo de la generosidad, el cariño con el que nos trataron tanto Luciano como doña Celia, grandes entre los más grandes, de los que aprendí que la humildad es la mayor de las virtudes que puede ostentar un artista de categoría.

Grazzie di tutto, Maestro.

35.
ANOTHER BRICK IN THE WALL: EL PROGRESO

No lo veo claro.

Según me enseñaron en la facultad de Economía, progresar significa crecer. El crecimiento conlleva la expansión, es decir, hacerse cada vez más grande, lo que implica aumentar la producción, la competitividad, el consumo y, por tanto, emplear más recursos (energéticos, humanos, materias primas, capital...). Bien, pues hasta donde yo sé, la Tierra, que es de donde obtenemos todos los recursos, lleva millones de años sin crecer ni un centímetro. Entonces aquí hay algo que no cuadra.

Progreso, competitividad, consumo, crecimiento, expansión... ¡Qué miedo! Eso está muy bien decirlo en una campaña política o en un foro económico de esos donde los más sabios deciden acerca del futuro del planeta, pero, echándole un poco de sentido común al asunto, el planteamiento es como para preocuparse.

Crece la población mundial que quiere vivir bien, llamada «la sociedad del bienestar»; o sea, tener un piso con calefacción, agua caliente, aseo con bañera, la nevera llena, un aspirador, lavadora, secadora, ordenador, *smart TV*, *smartphone*, *tablet*... También hace falta un coche para ir a la playa el fin de semana y otro para llevar a los niños al colegio, una segunda casa en Benidorm y dinerito para ir de vacaciones cuando toque.

Para tener un piso hace falta construirlo: cemento, hierro, plafones de pladur, tubos, cables, grúas enormes para mover los materiales, pintura, madera, etc. Mucho material que se obtiene mayormente de la tierra. Para los electrodomésticos, la calefacción... hace falta electricidad. Como no tenemos suficiente, fabriquémosla: energía nuclear, que da para todos. Para la bañera necesitamos muchos litros de agua caliente que, como la que cae del cielo tampoco da para todas las bañeras, la sacamos del mar usando desaladoras. Para tener la nevera llena hacen falta muchos alimentos, y como somos tantos pues habrá que intensificar su producción: granjas de pollos, de cerdos, de vacas, de salmones, de doradas, alimentados todos con piensos sintéticos, de alto rendimiento. De pollito a pechuga en la carnicería en solo veinte días. De cerdito a solomillo en tres meses. Y las verduras, cereales, legumbres..., lo mismo: fertilizantes químicos, pesticidas..., manzanas que parecen melones, nueces como pelotas de tenis... Y todo lo demás, ordenadores, pantalones, galletas, champús, zapatos, lámparas, camas, abrigos, colonia, papel higiénico, toallas, alfombras... Las necesidades son muchas y hay que abastecerlas. Hay que producir, señores, al coste que sea.

Pero sigamos en la economía familiar. Para que el coche funcione necesita gasolina: millones de coches, millones de litros de gasolina, miles de millones de barriles de petróleo refinado convertido en CO^2 en un abrir y cerrar de ojos. Y por fin llega el mes de agosto y nos vamos de vacaciones. Compramos los billetes de avión (avión que ha sido construido con acero y aluminio extraído de una mina —agujeros que se hacen en la corteza terrestre para extraer minerales y materias primas— y tratado en fábricas enormes que echan mucho humo para después fabricar, además de aviones, papel para envolver bocatas, chasis de motocicletas y vete a saber tú cuántas otras cosas más). Y claro, los aviones no vuelan moviendo las alas como hacen los pájaros, llevan enormes motores de propulsión que consumen queroseno, eso que al quemarse dibuja unas líneas blancas que aparecen en el cielo a su paso.

Progresamos, luego crecemos. Crece la población, crecen las ciudades, crece el consumo de materias primas para construir esas ciudades, crece la industria, el consumo de energía, como también crece el consumo de alimentos y de agua potable. Y con tanto crecimiento también crece nuestra ambición por crecer. ¡Joder, vamos de puta madre porque todo crece, y dicen los sabios que el crecimiento es bueno! Este año el PIB ha crecido un 3 %. *¡Yujuuuu,* hemos supercrecido! Pero... ¿hacia dónde?, ¿para qué? Y, lo más importante, ¿cuáles son las consecuencias?

Las ciudades crecen, pero hacia los lados no pueden porque el territorio es limitado; hacia abajo podría ser, pero quién querría vivir en un sótano sin luz natural. Nos queda hacia arriba. Pues mira, por lo menos nos da el sol. Hemos enfocado el crecimiento hacia el cielo, lo cual no deja de ser inquietante, porque más arriba del cielo está Marte. ¿Será que el futuro de la humanidad, una vez nos hayamos fundido la Tierra, sea habitar Marte? No sé, pero con lo bien que se está aquí, ¿qué necesidad habrá de irse a ese planeta? Aunque un poco marciano sí que soy, yo no me quiero ir a Marte.

Me parece que esto de progresar no lo estamos haciendo muy bien, porque algún día seremos tantos y habremos crecido tanto que ya no habrá sitio donde progresar, ni competir, ni expansionarse. No habrá metros cuadrados que habitar, ni materias primas para construir pisos, ni agua para beber, ni campos en los que cultivar manzanas, ni gasolina para los coches, ni electricidad para la lavadora (bueno, eso sí, porque no creo que acabemos con la energía nuclear, más bien será ella la que acabe con nosotros). Y, sin ser catastrofista ni mucho menos, pero... ¿qué pasará con las selvas, los ríos, los árboles, los animales, las flores, las montañas, los glaciares, el mar? ¿Qué pasará con toda la belleza que nos rodea y que tanto necesitamos para seguir siendo lo que somos, que no es otra cosa que habitantes de esta Tierra maravillosa? Y lo peor: ¿dónde vamos a meter los miles de millones de toneladas de mierda (basura) que genera nuestra insaciable necesidad de progresar?

No lo veo claro. Progreso sí, pero ¿a qué precio?

36.
PARÍS-LONDRES-NY

En las bolsas de mano de las marcas pijas, no sabría deciros muy bien por qué, siempre aparecen nombradas las tres siguientes ciudades: «París-Londres-Nueva York». Será que eso le da caché a la marca, o es que las tiendas caras solo están en las ciudades caras, como son estas tres. Gracias a la música he tenido la oportunidad de visitarlas las tres.

PARÍS

He estado infinidad de veces, y la verdad es que es una ciudad muy bonita. Hubo un tiempo en que incluso me planteé instalarme allí una temporada, pero rápidamente desistí. La primera vez que fui era para un concierto a finales de los años noventa, y tocamos en La Cigale, una espléndida sala de conciertos justo al lado del Moulin Rouge, en el barrio de Pigalle. Llegamos de subidón total. Hago notar que existen dos *Parises:* el París con sol y el París lluvioso. Nosotros tuvimos suerte y pillamos el primero. Arreglamos todo en la sala y nos fuimos del tirón a Montmartre, a turistear. Todo muy bonito, muy bohemio, e incluso nos sentamos en una terraza muy chic en la que alguien nos dijo que era donde Picasso solía acudir de tertulia. Pedimos cuatro cervezas y ahí estuvimos un rato, contemplando el paisaje artístico-turístico que nos ofrecía el lugar. Al rato pedimos la cuenta: «L'addition, s'il vous plaît». El camarero se acerca a la mesa con cara de pocos amigos y con *la dolorosa* en las manos: ¡160 francos! Que al cambio hoy serían unos 24 euros. Ahora tampoco estaría mal, pero hace dieciséis años..., pues ya me diréis, ¡menudo sablazo nos metieron! Después bajamos a los Campos Elíseos, donde se encuentran las tiendas caras; todo muy bonito también, pero mirar y no tocar, no sabía que un reloj podía costar más dinero que un Rolls Royce. Pues resulta que en París, sí. Por la noche, después del concierto, salimos de marcha. No pudimos entrar a ningún club ni discoteca: o estabas en la lista de invitados o nada, así que acabamos en un tablao flamenco. Para resumir: cervezas caras, taxis caros, camareros y porteros antipáticos, restaurantes muy caros y mucha bohemia, pero poco *liriliri*, la verdad.

Como decía, con el tiempo regresamos a la capital francesa varias veces más a tocar y de promoción. Me acuerdo de que en una de ellas invité a mi novia, pero de los cinco días que estuvimos cuatro los pasé en cama con un gripazo de impresión. A la vuelta casi me deja, o sea, que lo de que París es la «ciudad del amor» pues... no lo tengo yo tan claro. En la última intentamos subir a la Tour Eiffel y había tal cola de turistas en el Campo de Marte que no pudimos. Hay una canción de Helmut Fritz que os recomiendo, se titula *Ça m'énerve!* Además de ser un temazo de baile, cuenta esta misma historia que nosotros sufrimos en París: colas para cualquier lugar, todo muy caro, imposible entrar a discotecas de moda sin invitación previa...

LONDRES

Londres no mola nada. Hubo una época en la que si no grababas en esta ciudad no eras nadie. La capital británica estaba de moda y los grupos molones hacían sus discos allí y, claro, nosotros no íbamos a ser menos. Así que decidimos irnos a la City a grabar, mezclar y masterizar *Depende* (1998), nuestro segundo trabajo, en los estudios Moody. Dos meses y medio en Londres sin interrupción. ¡Una ruina!

En Inglaterra se come mal, no soy el primero que lo dice: *fish and chips* (pescado frito con patatas fritas); *rice and beans* (arroz con habichuelas en lata); los mejillones son verdes; el pan, de molde; el vino dulce, rollo sangría... Nunca he estado tantos días sin ver el sol como en Londres. Simplemente..., no sale, siempre llueve, siempre gris. Por eso sus habitantes frecuentan tanto los pubs. Los ingleses tampoco se caracterizan por su simpatía, sobre todo si eres español, que para ellos es lo mismo que ser tercermundista (y si no preguntádselo a Manuel, el camarero de Madrid de la serie británica *Fawlty Towers*, buenísima, por cierto). Los hoteles son cutres y la ciudad, cara de cojones.

Londres también estaba de moda entre la escena *cool* española, y creo que lo sigue estando. La gente *molona* se iba a Londres de vacaciones o a pasar el *finde*, con lo bien que se está en el Cabo de Gata o en Sevilla o en Barcelona, por decir algo. ¡Y mucho más cerca! Desde la grabación de nuestro segundo disco no he vuelto si no es porque fuera estrictamente necesario.

De Inglaterra me llevé dos buenos amigos: Joe Dworniak, amigo y productor de seis de nuestros discos (medio irlandés-polaco, y que en España también fue productor de Radio Futura y Kiko Veneno, entre otros) y con el que hemos repetido en *50 palos*, y Danny Cummings, extraordinario percusionista de Sheffield y con quien ya habíamos trabajado antes. Y sí, cuando le da el sol, Londres es bonito: Candem Town, Covent Garden, el Soho, Portobello Road. La putada es que sol, en Londres, poco.

NUEVA YORK

Me gusta la ciudad de Nueva York. La primera vez que la visité me dejó estupefacto y me pareció que estaba viviendo un sueño, porque saliendo del Lincoln Tunnel (por donde se llega de Nueva Jersey a Manhattan por debajo del río Hudson) me vi en una película de Hollywood. No es de extrañar, puesto que en Nueva York se han rodado infinidad de filmes y ha sido el decorado de un sinfín de comedias, *thrillers,* pelis de acción y series de televisión. Avenidas enormes entre edificios enormes con coches enormes y camiones superenormes, y también tiendas enormes en calles por las que transitan miles de personas en todas direcciones, aunque también tiene sus rinconcitos: China Town, Little Italy, Chelsea, East Village... —repletos de bares donde se hace música en directo—. No sé bien cómo explicarlo, pero la ciudad tiene mucha onda. Y que conste que soy más de pueblo que un arado.

Y sin embargo, a pesar de ser urbes tan famosas, os digo una cosa: el mundo está lleno de ciudades mucho más bonitas y acogedoras. Ciudades que a lo mejor no tienen grandes monumentos, ni grandes avenidas, ni barrios grandilocuentes, ni salen en la televisión, pero que tienen un rollo tremendo. Ciudades a las que lo que las hace grandes es su historia, su gente. Ciudades que en cuanto las visitas te sientes como en casa. Así que si alguna vez monto una tienda de ropa *fresa*, en las bolsas pondrá «Tijuana-Pontevedra-Lima», o por qué no «Bucaramanga-Antofagasta-Santander».

¿Qué os parece?

37. IO SONO LIBERO DI DIRE DI FARE QUELLO CHE MI PARE

Lo cantaba Fabrizio Moro, enorme compositor italiano y colega, en una canción titulada precisamente *Non è una canzone* con la que casi gana el Festival de San Remo. Es una frase de gran belleza, tanto desde el punto de vista sonoro como literario, y desde luego por su significado. Pero no nos engañemos, la libertad no existe.

Ya desde pequeños nos enseñan a NO ser libres. Es decir, a seguir unas pautas preestablecidas por no se sabe quién, pero que hay que obedecer sin rechistar:

«*Bip, bip, bip…* Buenos días, cariño. Venga, a levantarse, que hay que ir al cole.» Así empezaban casi todos los días de los primeros años de mi vida. Y de ahí a lávate los dientes, péinate (con la raya a la derecha), ponte el uniforme, hazte la cama, bébete la leche, corre y no pierdas el autobús… Luego nueve horas en el colegio. De esta parte me salto lo de obedecer órdenes, porque todos sabemos los millones de cosas que se deben o no hacer en el cole. Y a la vuelta, cómete la merienda, no mires la tele, haz los deberes, pon la mesa, acábate la cena, ponte el pijama y venga, a la cama que mañana será otro día. «Pero mamá, ¿no puedo ver una peli?» «Ni hablar, que las de la noche son solo para mayores.»

En la adolescencia todo está prohibido —como en el caso del colegio, no entro en detalle—, pero la guerra entre el adolescente que quiere ser libre y el padre que no quiere que lo sea es tremenda, como para escribir el texto de una Constitución entera, aunque en realidad de lo que va el asunto es de rebeldes contra dictadores. No hay opción: «¡Esto es así porque lo digo yo!». Qué rabia me da, porque, aunque fui el más rebelde de los rebeldes, ¡ahora le digo lo mismo a mi hija! *¡¡¡Grrrrrrr!!!*

Pero, bueno, todo tiene su momento: te vas de casa, te independizas y por fin eres libre de hacer con tu vida lo que te apetezca..., o eso es lo que tú te crees. ¡Error! Te levantas con un despertador marca ACME (no es tu madre, pero como si lo fuera), el trasto se conecta a la radio automáticamente y noticias veinticuatro horas. Lavado de cerebro cuando todavía duermen las neuronas. Vas al baño, te duchas usando esa marca de jabón que se ve que tan bien va para la piel, te peinas según los cánones de la moda actual, te vistes con el traje de pingüino, porque a la oficina hay que ir de uniforme (esto me suena), desayunas según te dice una dietista porque es más sano (o por lo menos eso dice en su publicidad), mientras tragas, ves la televisión que hay en la cocina, porque así lo hacía tu padre, donde sale un payaso que quiere venderte el último aspirador sin cable, bajas al garaje, te subes a tu flamante coche marca ACME, porque te han comido la cabeza de que ese es el que usan los *guays*, llegas a la oficina y el jefe, que a la vez tiene un jefe que también tiene jefe, te da el *business plan* que debes cumplir sí o sí y te dice cómo lo tienes que hacer. En la oficina pasas un mínimo de diez horas al día, cumpliendo horarios y atendiendo órdenes y mandamientos sin rechistar, porque esto es un equipo y tienes que creer y defender los *believes* que abanderan la filosofía de la empresa (multinacional, claro), nada de pensar por ti mismo. Sales de trabajar y al gimnasio, que llega el verano y estamos en plena operación bikini. Rutinas para muscularte, para adelgazar… Ahí está el *mazas* del entrenador físico, que no para de darte órdenes sobre cómo hacer esto y lo otro. Cuando por fin llegas a casa, te comes una triste ensalada (estás con la operación bikini a *full*), que ya viene preparada en una bolsa de celofán con todo incluido. Te chupas las noticias en un par de canales de televisión (hay que estar bien informado) y, si te quedan ganas, te miras una serie de esas que están ahora tan de moda en donde salen personas que son felices y comen perdices porque viven en un mundo *chupimolón*. Y luego a la cama.

Así once meses al año, porque tienes un mes de vacaciones para decidir por ti mismo lo que vas a hacer… Aunque este año tu grupo de amigos ha decidido (sin consultarte) que hay que ir a Ibiza, que es donde están las fiestas más *cool* y los restaurantes más *chics* y los clubs más *trendies*. Total, que tampoco has podido decidir sobre tus vacaciones, o lo que es lo mismo, el poco tiempo libre que tienes al año.

Pero la vida sigue. Cumples treinta, conoces a una chica, te enamoras, te casas, firmas tu primer contrato serio, el matrimonial, y a partir de ahí ya no paras de firmar y, por tanto, de esclavizarte: el de la hipoteca, el del fondo de pensiones, el de la mutua sanitaria, el del *leasing* del coche, el de la electricidad, el gas, la permanencia del móvil, el de Gmail… Pero, ojo, que ahora, además de seguir obedeciendo todas las órdenes del mundo, también las das, porque como marcan los cánones sociales, has tenido hijos a los que despiertas cada mañana para ir al cole, y el ciclo vuelve a empezar.

No sé si lo he ilustrado bien, pero, bromas aparte, la conclusión es que en este mundo que nos ha tocado es muy difícil ser libre. Vivimos tan deprisa que no hay tiempo para pensar, estamos tan sobreinformados que no nos sobra espacio en el cerebro ni capacidad para asimilar, y mucho menos analizar, las opciones por nuestra cuenta. Todo nos llega predeterminado y ya decidido. A nosotros solo nos queda obedecer, seguir la corriente... Lo peor es que en la mayoría de los casos ya nos va bien que sea así, que decida otro por nosotros. ¡Un problema menos! Y si no, cuidado con lo que dices, haces o decides, no vaya a ser que sea políticamente incorrecto. ¿Y quién decide lo que es correcto o no? No sé. Alguien, pero ni tú ni yo.

Cuidadito cuando se habla de libertades, porque una cosa es la teoría y otra bien distinta la práctica. Desafortunadamente, en la actualidad la libertad es un concepto vacío, efímero, falso, que encubre al peor de sus enemigos, que es precisamente el control absoluto sobre todo lo que hacemos, decimos o pensamos. Hoy por hoy la libertad no existe.

Cada vez que alguien menciona la palabra «libertad» mi cerebro escucha «control». Control, el indiscutible protagonista de nuestros tiempos. Vivimos en un mundo totalmente regulado, donde hay permiso para todo, pero hay que pedirlo. En este mundo de falsa libertad el control es el que mueve los hilos, y nosotros somos los títeres, que bailamos según mueve los dedos el titiritero. ¿Pero quién es el titiritero? Pues no sé. Alguien, pero ni tú ni yo.

Steve Jobs decía que no hay que dejar que el consumidor piense en lo que necesita, sino que las necesidades hay que creárselas. Yo me quedo con lo que decía mi amigo «Mendrugo», alma libre donde las haya: «Menos tienes, más libre eres».

Somos

¡So, so, so, somos lo que somos!
¡So, so, so, somos lo que somos!

Mira, hermano, aquí somos los que estamos,
y aunque hacemos lo que podemos,
no aprendemos, no avanzamos.
El mundo se hace pequeño
y la vida nos sigue pesando.

La Tierra enferma y tú con ella, *bro,*
mira, el hombre arrasa con todo lo que le dio.
Digo «paz», «verdad», «justicia», «libertad».
Digo «amor», «respeto», «conciencia», «dignidad».

Mira, somos lo que somos, no lo que queremos,
patrones, esclavos, humanos, imperfectos,

somos raza, cultura, humanidad,
¡so, so, so, somos lo que somos!

Saca la mentira pa *fuera de tu vida,*
el amor es el camino que cambie tu destino,
que cambie la dirección que abra tu corazón,
esta calle sí tiene salida, libérate y respira.

Somos monos inteligentes,
animales racionales con carnet de identidad,
seres humanos indiferentes,
víctimas supervivientes de la propia raza humana.

Somos lo que somos, no lo que queremos,
individuos vigilados con derechos controlados.
We are what we are, no what we wanna be.
¡So, so, so, somos lo que somos!

Somos monos, somos locos,
somos raros, somos cocos,
somos rotos, somos chotos,
somos nacos, somos jotos.

Somos monos, somos locos,
somos raros, somos cocos,
somos rotos, somos chotos,
somos nacos, somos jotos,
somos homos, somos rotos,
somos falsos, somos bobos.
¡So, so, so, somos lo que somos!

Calma, tú tienes la palabra,
la fuerza de la vida reside en la esperanza,
reside en la energía que brota de tu alma,
tu mente positiva, no tengas miedo,
avanza, libérate y respira.

Lo que sí te digo, amigo,
es que ya estoy preparado,
no me gusta lo que veo,
voy a empezar a hacer algo.

Voy a empezar a quererte
sin que importe lo que haya pasado.
Voy a empezar a ser libre
estrechándote la mano.

En la vida algo me he propuesto:
seguir adelante sin miedo,
vivir y avanzar compartiendo
con la gente a la que yo quiero.

A pesar de nuestros defectos,
algunas virtudes tenemos,
somos ángeles, somos buenos,
¡so, so, so, somos lo que somos!

Saca la mentira pa *fuera de tu vida,*
el amor es el camino que cambie tu destino,
que cambie la dirección que abra tu corazón,
esta calle sí tiene salida.
¡So, so, so, somos lo que somos!

Somos Tierra, somos paz,
somos fuego, destino y verdad.
Somos sangre, hermanos, amigos,
y en el tiempo andamos perdidos.

A pesar de nuestros defectos
algunas virtudes tenemos,
somos ángeles, somos buenos,
¡so, so, so, somos lo que somos!

Monos, locos, raros, cocos,
¡so, so, so, somos lo que somos!
Rotos, chotos, nacos, jotos,
¡so, so, so, somos lo que somos!
Fotos, cortos, chapos, votos,
¡so, so, so, somos lo que somos!
Homos, rostros, falsos, bobos,
¡so, so, so, somos lo que somos!

38. NO ME QUIERO IR

En los hospitales se hacen muchas cosas, aunque el objetivo principal es la sanación. Vivimos en una sociedad enferma que nos abastece de todo tipo de males, y en los hospitales se encargan de curarlos. Lo mejor sería vivir en un mundo sin hospitales, porque eso significaría que no enfermamos, pero después de haber conocido el Hospital Universitari de la Vall d'Hebron me pregunto qué sería de mi vida sin él. O mejor, qué sería de mi vida sin haber conocido a la gente que trabaja en tan enigmático edificio.

Un hospital es como un hormiguero, como una colmena. A partir de las seis de la mañana hay ejércitos de personas que van de arriba abajo, generalmente con prisa, con tareas y objetivos muy específicos, igual que sucede en los hormigueros o en las colmenas. Ríos y ríos de gente que se mueve por sus pasillos, cada uno en dirección hacia un lugar concreto, una habitación, un quirófano, la cocina, la sala de máquinas, el laboratorio... Un enorme caos perfectamente organizado donde la gente entra enferma por una puerta y sale sana por la otra, o por lo menos eso es lo que intentan en los hospitales, y creedme que lo hacen con mucho empeño. Los pacientes solo vemos la parte pública del asunto, pero no os podéis imaginar lo que se mueve por detrás.

La gente que trabaja en los hospitales es gente normal y corriente, con sus hipotecas, sus familias, sus problemas personales, sus dificultades para llegar a final de mes, pero hay algo que marca la diferencia: con su trabajo curan a los demás y, en muchos casos, como el mío, les salvan la vida. Y no solo los doctores, las enfermeras, los auxiliares, los investigadores, sino también los cocineros, el personal de limpieza, los celadores, los conductores de ambulancia, los de administración, los vigilantes...

En los hospitales se gestiona la salud, pero, como decía, también la vida y la muerte y, por lo tanto, el miedo en su faceta más brutal. El miedo a morir es el que más acojona de todos, incluso más que el miedo que tenemos a veces a vivir. Y en la vida no hay que tener miedo.

Hablemos de eso. Del ser o no ser. Del estar o no estar. Dos opciones totalmente válidas pero muy distintas. Pues bien, en este momento me inclino por la primera, es decir: por ser y por estar.

En el hospital me han salvado la vida y voy a hacer lo posible por no defraudarlos. Puede parecer que el estar gestionando vida y muerte a diario hace al personal de los hospitales inmune a la muerte, pero no es así, lo he visto en sus caras cuando una muerte ocurre. Así que haré lo posible por seguir vivo. Por respeto hacia ellos y al tremendo esfuerzo que han hecho conmigo, pero también por cariño y por agradecimiento. Para que estén orgullosos de mí por haberme salvado la vida, porque yo lo estoy mucho de ellos. Se me hincha la boca cuando hablo de Manoli, de Mercedes, de Luismi, de Elena, de Anna, de Stephan, de Josep… A ellos les debo la vida y por ellos he decidido que me quedo.

También me quedo por mi padre, por mi hija, por mis hermanos, mis amigos y en general por toda la gente que me quiere. No se merecen que me muera ahora. No es que me sienta en deuda, es también por agradecimiento al amor que me han dado en esta vida. Y finalmente, también me quedo por mí mismo, porque morirme ahora, como ya he dicho, no me va bien.

La vida y la muerte, porque se trata de eso, de nada más. Yo elijo vida, me gusta estar aquí. Hay quien dice que después de la muerte viene lo mejor. Que según a quién (y si nos hemos portado bien) le espera el Paraíso. ¿El Paraíso? Para estar en ese lugar no hace falta irse tan lejos, no creo que en el otro lado haya nada tan bonito como esto. Así que, por si acaso allí donde dicen que nos vamos cuando morimos no hay un sitio como este, ni gente como Xavi, Joan, Ramón, Estefanía, Sergi, Álex, ni perros como *Bola* y *Fideos*, ni espaguetis al pesto, ni cines de reestreno, pues mejor me quedo. Y si por lo que sea algún día me tengo que ir, aquí me encontraréis, flotando entre toda esta belleza.

La vida es un regalo, y cuanto más tiempo paso en este mundo más consciente soy de que son las pequeñas cosas las que por un instante te hacen feliz, pero que sumadas hacen que vivir sea una experiencia única, fascinante e irrepetible. ¡Qué poco sabemos de la vida y qué poco de la muerte! Pero ¿para qué saber más? La cuestión es vivir y morir a gusto. Como decía el radiólogo y ahora buen amigo Xavier Serres: «Uno recibe la muerte en función de cómo ha vivido la vida». La cosa está clara, ¿no? Como dicen los gringos: *enjoy!*

Y en todo caso y por si me muero mañana, hoy aprovecho que me toca vivir.

Buenos días, vida. Y gracias, madre naturaleza, por tanto.

39.
COINCIDENCIAS DE LA VIDA

Hay veces en la vida que te ocurre algo que te corta la respiración. Creo haber dicho alguna vez que no soy fácilmente impresionable, de lágrima fácil, lo cual me jode, porque la verdad es que me gustaría ser más emocionable. Bueno, emocionable lo soy bastante, lo que quiero decir es que me gustaría poder demostrar mis emociones de forma más efusiva, en serio lo digo.

Sea como sea, lo que relato a continuación me dejó KO. Hacía poco que habíamos lanzado nuestro segundo disco, *Depende* (1998), cuando a la oficina llegó una carta. Cada carta es especial, me las leo todas, otra cosa es que las conteste —me es imposible por falta de tiempo—, pero, al contrario que en la comunicación por Internet, las cartas tienen vida. Quienes me las envían las han escrito de su puño y letra, a pluma, a lápiz o a bolígrafo, en un momento muy concreto de su vida, por impulso... Las cartas se escriben de corrido, no hay la posibilidad de corregirlas, porque lo del «corta y pega» en la escritura a mano no funciona.

Solía recoger las cartas en mi oficina una vez al mes, las guardaba en la mochila, me las llevaba de gira y las leía durante los viajes. Recuerdo un verano estar de gira por Extremadura, las encinas permanecían verdes bajo el tórrido sol extremeño y la hierba que las rodeaba había tomado un tono rojizo, seguramente quemada por el mismo sol. El contraste era precioso. Saqué una de las cartas que había recogido en la oficina y vi que el sobre era azul, como el papel en el que estaba escrita. No llevaba remite, así que finalmente la abrí y leí lo siguiente:

> Hola, Pau, soy una fan de vuestras canciones, y quería felicitarte por vuestro último trabajo, *Depende*. Me ha gustado mucho.
>
> Hace cosa de un año tuve un accidente de circulación muy grave y quedé ingresada en el hospital, en coma. Mi hermana venía a verme cada día y me contaba las cosas que estaban sucediendo como si yo estuviera despierta. Me leía libros, revistas... Como sabía que a mí me gustaba mucho Jarabe de Palo, cuando salió este nuevo disco vuestro lo compró en una tienda y me lo regaló en mi habitación de hos-

pital. Ella estaba muy contenta porque lo traía para escucharlo juntas. Para mi hermana siempre fue como si yo no estuviera en coma.

Abrió la caja del CD e introdujo el disco en una minicadena que tenía sobre mi mesilla. A continuación puso la primera canción, «Depende», y, cuando finalizó, se giró para preguntarme qué me había parecido, y en ese preciso momento yo le respondí que bien. Después de más de un año de estar dormida en una cama de hospital, escuchando a Jarabe de Palo me desperté. Coincidencias de la vida.

Te cuento todo esto porque quería que lo supieras. No quiero que me respondas a esta carta, tampoco que sepas quién soy, solo decirte que me alegro de que escribas canciones y de poderlas compartir con nosotros, ahora, como lo hacen todos los demás.

Me quedé a cuadros. Las lágrimas me saltaban de los ojos. ¡Qué emoción! ¡Qué experiencia tan hermosa! Sin duda es una de las cartas más bonitas que he recibido en mi vida. Lo que me tocó no fue tanto que al escuchar la canción ella despertara —como decía mi desconocida amiga, «coincidencias de la vida»—, lo que realmente me emocionó fue que, a pesar del drama que supone tener una hermana en coma, esta se siguiera relacionando con ella como si no pasara nada, porque eso quería decir que su hermana estaba convencida de que en algún momento volvería a la realidad, porque vivía con la esperanza de que en algún momento todo volvería a ser como antes del accidente. Estoy convencido de que fueron las ganas que tenía de recuperar a su hermana las que hicieron que esta se despertara.

Esa noche de verano, en Don Benito (Badajoz), canté *Depende* como nunca antes lo había hecho. Como si ella estuviera ahí, viendo el concierto y coreando los estribillos con nosotros. La imaginé sonriendo, contenta, saltando, bailando con su hermana como si el coma nunca hubiera ocurrido en su vida. Como si el largo coma hubiera sido solo un sueño.

Que de hecho es lo que fue.

40. DÍAS DE *GINTONIS* Y ESPAGUETIS CON GAMBAS: EL *VIROT* DE FORMENTERA

Me acuerdo de cuando vivía «Mendrugo». Cocinaba como los ángeles. Se había criado en Ibiza, en la época de la posguerra, en una familia de siete hermanos, y su madre era una señora payesa ibicenca de las de *faldallins, gonella, mantó i capell* (falda negra hasta los tobillos, sayo, mantón y pamela) que le había enseñado todos los trucos de la cocina tradicional pitiusa: *frit de pop* (frito de pulpo), *calamares a la bruta* (calamares a la sucia), *guisat de ratjada* (guisado de raya), *bollit de baques* (pez vaca hervido), *arròs de matances* (arroz de matanza), *cru de rap amb llagosta* (crudo de rape con langosta)...

«Mendrugo» también preparaba unas lentejas con chorizo que eran de llorar; decía que el truco era este embutido, que le mandaban a César desde León. Daba igual carne, pescado, mar o montaña, él cocinaba todo de maravilla. Fijaos cómo sería que a Juan

Mari Arzak lo conocí en Formentera comiendo en su chiringuito, el Quiosco Anselmo. Por desgracia, este lugar ya no existe, pero durante un tiempo fue la cocina de mi casa. Bueno, la cocina y muchas cosas más, porque se puede decir que casi vivía allí. Era una chabola con una cocina de gas, una pica, un chamizo y cuatro mesas corridas, todo pintado de blanco y azul, y nada más. ¡Ah, sí!, una hamaca de cuerda para las siestas de después de comer. Lo regentaban tres piratas, Andreu, César y Toni Planells, alias «Mendrugo», tres personajes de película. ¡Pero literal!

Andreu era de Mallorca, el típico tipo que piensas: «yo de mayor quiero ser como él»; Corto Maltés a su lado parecía Smeagol (de *El señor de los Anillos*). ¡Así estaba siempre el chiringuito de mozas de buen ver! César hubiera podido salir en cualquier película de gánsteres de Scorsese: alto, flaco, con una mirada que, cuando estaba de mala leche, hacía que en las mesas no se movieran ni las moscas. Él es uno de los que aparecen en el videoclip de *De vuelta y vuelta*, y además es escultor y pintor. Y el «Mendrugo», Toni, tremendo cocinero, era un hombre sabio, gran amigo y excelente persona.

Me encantaba llegar pronto por la mañana y verlo limpiando el pescado que le acababan de traer, pues como era un chiringuito que estaba literalmente pegado al mar, el género se lo traía un pescador con la barca fondeada a escasos metros. Por eso no había carta ni menú, se comía lo que llegaba ese día del mar, y punto. Mientras él limpiaba el pescado yo me pegaba el primer baño del día en las aguas más turquesas que nunca he visto. Después ponía la mesa y «Mendru» preparaba unos huevos fritos con sobrasada y desayunábamos juntos, porque él odiaba comer solo. Si tenía que comer solo entonces prefería no hacerlo, con eso lo digo todo. Huevos con sobrasada, una cerveza bien fría, carajillo y a esperar lo que deparara el día.

Como decía, Toni odiaba comer solo tanto como cocinar espaguetis con gambas o que la comida que preparaba llegara fría a la mesa. Y será verdad que venía de una familia de siete hermanos, porque cuando cocinaba lo hacía como para un regimiento, fueran dos en la mesa o el regimiento entero.

Recuerdo una vez que quedamos en su casa, ese día había *tajine* de cordero con garbanzos y verduras. Lo bordaba. Fui a verlo por la mañana y me dio la lista de la compra: un kilo de garbanzos, dos kilos de verduras varias y dos kilos de carne de cordero. Se me ocurrió preguntarle si esperábamos a alguien para comer, porque en principio solo íbamos a ser tres y me parecía mucha comida. ¡Madre, cómo se puso!: «No me toques los cojones, Pau. A ver si te crees que un día que vienes a mi casa a comer vas a pasar hambre. Con lo que te he mandado comprar comemos tres y justo». ¡Ja, ja, ja! El «Mendru» era así, generoso donde los haya. ¡Que no falte de nada! Casi tocaba a un kilo de carne por barba, pero a él le parecía que nos íbamos a quedar con hambre. Pero es que, como he dicho, tampoco le gustaba cocinar para pocos, siempre hacía de más por si a última hora se apuntaba algún despistado.

Los espaguetis con gambas eran su especialidad. ¡Impresionantes! Había cocinado tantas raciones en su vida que solo con oír el nombre se ponía de mala leche. Yo solo se los encargaba los días en que veía que estaba de muy buen humor, y nunca directamente, siempre a través de alguna chica guapa por la que me hacía acompañar. Porque al «Mendru» le gustaban las chicas guapas, y con ellas siempre se comportaba como un auténtico *gentleman*.

—Hola, soy Toni. ¿Qué desea comer la señorita?

—Pues me comería unos espaguetis con gambas.

—Será un placer preparárselos.

—Y ya que estamos, para mí lo mismo, Toni —añadía yo, como aquel que no quiere la cosa.

—A ti te pongo unas lentejas, que hoy las tengo muy buenas.

—Eso, ponme unas lentejas, justo lo que te había pedido. —¡Cabronazo!

Pero si había algo que lo podía encabronar de verdad era que a la hora de sentarse a la mesa los comensales no estuvieran. En la grabación de nuestro cuarto disco, *Bonito*, «Mendru» fue el cocinero oficial. Él estaba en su salsa, porque a la mesa no nos sentábamos menos de diez personas por comida, por lo que cuando iba a comprar a los comercios locales literalmente los desabastecía. Establecimos un horario de grabación adecuado a su horario de cocina, porque a las 14:30 horas «Mendrugo» hacía su siesta y todo el mundo tenía que estar ya almorzando. Recuerdo un día en que la grabación se alargó; normalmente a las dos de la tarde parábamos, diez minutos más tarde todo el mundo ya estaba sentado a la mesa y a las 14:20 empezábamos a comer, pero ese día nos retrasamos. De repente entró «Mendrugo» en el estudio, nos giramos, y al verlo enmudecimos:

—¡Me cago en todo lo que está escrito! ¿Pero qué os habéis creído, hijos de puta? ¡Como no os sentéis a la mesa en treinta segundos cojo el puto arroz meloso de los cojones y se lo doy a los perros! ¿Será posible que después de estar cocinando toda la mañana os lo tenga que servir pasado? ¡Venga, coño, todo el mundo a la mesa!

Ni las ratas nos vieron salir del estudio de lo rápido que corrimos hacia el comedor. El «Mendru» tenía su carácter, ¡ya lo creo si lo tenía!, y como os he comentado, no soportaba que la gente no estuviera a la mesa a la hora prevista.

Fuera el día que fuera, hiciera el tiempo que hiciera, cada día sobre las cinco de la tarde yo aparecía por el Quiosco Anselmo. Esa era la hora en que Toni Planells salía de la cocina, se preparaba un *gintonis* (yo siempre los llamo así en honor a él) y me contaba alguna de sus fabulosas historias. Me tenía totalmente fascinado, a mí siempre me ha gustado escuchar las historias que otros cuentan, pero las suyas eran las mejores, tan reales como asombrosas. Era hombre de mundo, de esos que saben mucho, aunque la suya era de esas sabidurías que solo algunos elegidos ostentan, que únicamente tienen aquellas personas que han sido libres de verdad. Toni había vivido mucho y a tope. Hablaba inglés perfectamente, pero también francés, alemán e italiano. Vivió en Estados Unidos y en Japón, donde aprendió algo de japonés. En esa época de los *hippies* él fue el más *hippy* de todos. Conoció a pintores, escritores, cineastas… Era un pozo sin fondo de historias con las que se hubiera podido escribir un *bestseller.*

En el Quiosco Anselmo yo escribí muchas canciones, casi todas las del tercer disco, *De vuelta y vuelta* (2001), y también muchas para el siguiente, *Bonito* (2003). Y de hecho, en la portada del primero salimos los dos juntos («Mendru» es el indio con barba blanca que sujeta una guitarra), lo cual me trae a la cabeza una anécdota divertida: Toni hacía como treinta años que no se movía de la isla; total, que un buen amigo suyo, Alfred, empresario alemán medio retirado y también asiduo como yo al Quiosco Anselmo, tuvo que volar a Nueva York por negocios. Pues una tarde de *gintonis* me cuenta Alfred que llega a Times Square, se baja del taxi y al levantar la cabeza ve un cartel de diez metros de alto colgado de la fachada de la tienda de discos Tower Records con el «Mendrugo» en pelotas. Me dijo que tuvo que pellizcarse varias veces para cerciorarse de que no estaba soñando. El «Mendru» a tamaño gigante, en pelotas, en el centro de Manhattan. Me aseguró que casi le da un patatús. Se fue al hotel rápidamente y le llamó a casa, porque el «Mendru», por supuesto, no tenía teléfono móvil. «Antonio, soy Alfred, estoy en Nueva York. Hay un hombre como tú colgado de un gran cartel en una tienda de discos de Times Square. ¡Desnudo! No me habías dicho nunca que tenías un hermano gemelo. *It's incredible*!» En fin, una más de esas historias que solo el «Mendrugo» era capaz de generar.

Pasó el tiempo y acabaron cerrando el Quiosco Anselmo. Cosas de políticos. Algún corrupto trincó una subvención de la Comunidad Europea para la protección del *virot,* especie de gaviota que vive en acantilados de Formentera. En una inspección aérea alguien vio un minúsculo chiringuito donde el patán del político había dicho que vivían los *virots.* O cerraban el chiringuito o se acababa la subvención. Y claro está, lo cerraron y el político siguió cobrando la pastita como si tal cosa. Lo curioso es que los acantilados de Formentera, que es donde viven estas aves, están justo al otro lado de la isla, porque en la zona del quiosco ni *virots,* ni acantilados, ni hostias, solo playas de arena blanca y praderas de posidonia. Otra medalla para colgar en la vitrina del político Matas, sus socios ibicencos y su larguísima lista de corruptelas.

Echo de menos el Quiosco Anselmo, a los piratas, las gloriosas tardes de historias fabulosas, las puestas de sol, los *gintonis* de Toni y, más que cualquier otra cosa, sus espaguetis con gambas. A veces subo a los acantilados de La Mola a contemplar los *virots,* porque creo ver en uno de ellos a mi amigo «Mendrugo», que vuela libre como siempre hizo en vida.

Te echo de menos, Toni Planells. Mucho. Compartir la vida contigo fue un auténtico privilegio.

P. D. Por si a alguien le interesa, apunto la receta del crudo de rape con langosta. La de los espaguetis con gambas no puede ser, porque a pesar de insistirle… nunca me la sopló.

1. En una cazuela más bien ancha se pone un fondo de patatas cortadas en juliana, tomate cortado en dados y cebolla.
2. Encima se colocan los medallones de rape y sobre él la langosta troceada.
3. Se salpimienta, se le añade un buen chorro de aceite de oliva virgen y a continuación medio vaso de agua.
4. Se tapa bien la cazuela, se cuece todo a fuego lento hasta que la patata esté bien hecha.

¡Y ya está! ¡Para chuparse los dedos! Lo más rico es la patata (de Formentera, si puede ser, porque como decía nuestra amiga Pepi, no hay nada como comerse una buena patata formenterana).

41.

ÉRASE UNA VEZ EL HOMBRE: LAS MUJERES

Siempre quise saber
lo que había dentro de una mujer.
Los secretos
que en ellas se esconden,
en su cabeza, en su corazón.
Que cuando cantan una canción
lo saben hacer
mejor que nadie.

Si las mujeres escriben canciones
son las canciones más bellas del mundo,
son las que más
me hacen llorar.
Porque dentro de cada mujer
hay una historia en forma de canción,
tal vez la canción
más bella del mundo.

Fragmento de *Las mujeres no escriben canciones*, de Jarabe de Palo.

Desde que tengo uso de razón (la uso muy de vez en cuando) me he preguntado qué hubiera pasado si Consol y yo hubiéramos sido novios. Consol era (y es) una mujer de ingrávida belleza y colosal inteligencia, demasiada para un burro como yo. Hay una norma entre amigos que debería ser estrictamente respetada: nunca tengas un *affair* con la hermana de alguno de ellos. Pues bien, Consol era la hermana de un buen amigo, y tuvimos un *affair*.

Era verano y mi colega me invitó a pasar un fin de semana en su casa de la playa. Salimos, bebimos, bailamos y Consol y yo acabamos besándonos en el jardín, justo debajo de la terraza donde dormían sus padres. Siempre recordaré la hora de comer del día siguiente. Ella tenía un cabreo impresionante, ahora no recuerdo por qué —bueno, sí que lo recuerdo, pero mejor me lo callo—, y me pasé las dos horas que duró el almuerzo rezando para que no les contase a sus padres que su invitado, o sea, yo, había estado retozando con ella la noche anterior. Por suerte, de ahí no pasó la cosa.

Para su cumpleaños, haciendo gala del poco conocimiento sobre cómo había que relacionarse con una mujer, le regalé un libro, *Todo lo que las mujeres saben de los hombres*. Era un libro más bien corto, en clave de humor, diría que con un cierto tamiz machistoide. Pasó el tiempo y llegó mi cumpleaños, y

Consol hizo lo propio: me regaló un libro cuyo título rezaba *Todo lo que los hombres saben de las mujeres*. Era muy tocho, por lo menos tres veces más que el que yo le había regalado, y pensé que había entendido el mensaje de mi desafortunado regalo. Rompí el envoltorio y lo abrí, era un libro de quinientas páginas… todas en blanco. Todas menos una, la de la dedicatoria: «Esto es lo que sabes tú de las mujeres, payaso. Con cariño, Consol».

Así que empiezo por decir que de mujeres no tengo ni puta idea, pero qué sería de mi vida sin ellas. Ni yo ni creo que la mayoría de los hombres de este mundo. ¡Suerte tenemos de vosotras, mucha suerte! Siempre he estado rodeado de grandes mujeres y han sido ellas las que me han dado las cosas más maravillosas, por poner dos ejemplos: la vida y una hija.

La primera de las mujeres a las que me gustaría referirme es a mi madre. Núria fue una madre excepcional. Amorosa, paciente, cariñosa, sensible, siempre pendiente de que no nos faltara de nada, principalmente amor, educación y cultura. Yo soy músico por ella. Tenía un corazón enorme, pues tuvo que repartir su amor, además de con mi padre, con cuatro hijos: tres energúmenos y una princesa. Y lo repartió a chorros, hasta quedarse vacía. Madre nos dejó pronto, y desde entonces cada segundo que pasa la echo de menos. Aunque siempre he sentido su presencia, me ha faltado el contacto físico, no hay nada como el abrazo de una madre, y yo hace 33 años, 5 meses y 4 días que no lo tengo. Me habría encantado que hubiera conocido a su nieta Sara, porque habría sido una abuela extraordinaria.

Pero, bueno, la vida es así, se la llevó cuando creyó oportuno y nosotros nos quedamos solos, qué le vamos a hacer. De mi madre aprendí muchas cosas, casi todo. Pero lo mejor que me ha dado, tanto a mí como a mis hermanos, es la sensibilidad en general, y la artística en particular. Cineasta, cocinero, pastelera y músico, a eso nos dedicamos sus cuatro hijos, nada que ver con lo que pretendía mi padre: juez, cura, militar e inspector de Hacienda. ¡Ja, ja, ja, ja!

Otras dos de las grandes mujeres de mi vida son mis abuelas Isabel y Yola. ¡Qué mujeres! Menudas dos. La una crio a cinco hijos y la otra a seis. La abuela Isabel era como don Vito Corleone en la película *El Padrino*: en su casa no se movía un dedo sin su consentimiento, ella lo sabía todo. Era la primera que se levantaba y la última en irse a la cama, nunca se reía, y sonreía muy pocas veces. Recuerdo cuando se peinaba por la mañana; tenía una melena que le llegaba por debajo de la cintura (pues durante la guerra el pelo se vendía para que hicieran pelucas a las señoras ricas). Dicen de mí que trabajando soy más bien serio, metódico, exigente; esas cualidades las aprendí de ella. La adoraba porque, aunque no era muy cariñosa, nos hacía sentir muy queridos. Si hubiera nacido en una manada de leones, ¡pobres los leones!, porque fue una luchadora nata, y su instinto de protección era feroz.

La abuela Yola era otra cosa. Valiente, hiperactiva… Después de la guerra el abuelo se fue a probar suerte a Venezuela (bueno, suerte y alguna otra cosa) y ella se quedó sola en Barcelona cuidando de sus seis hijos. Os podéis imaginar que en esa época la cosa no fue fácil. La abuela Yola era muy risueña, muy cariñosa. Recuerdo que nos besaba mucho. A la hora de comer siempre se tomaba un Bitter Kas (que mola más), y hacía unas hamburguesas de llorar. En la vida las pasó bastante canutas, pero siempre tenía una sonrisa para regalar (y de vez en cuando una monedita de cinco duros). Cuando murió madre, ella se encargó de cuidarnos. Nunca olvidaré lo que hizo por nosotros, nunca. Ella me enseñó que por los míos…, lo que sea.

En el trabajo, y he pasado por unos cuantos, los mejores jefes que he tenido han sido mujeres, y mis mejores compañeros también. Me gustaría destacar la figura de María Valverde, mi directora de cuentas en los tres años que estuve en la agencia de publicidad. Recuerdo el primer día de oficina: llegué a la agencia y ella ya estaba en su despacho, me hizo un gesto con el dedo, llamé a la puerta, entré y me senté. La jefa levantó la cabeza, me dio la mano y me soltó de corrido:

—Buenos días. Soy María Valverde, tu jefa. Tres cosas tienes que saber: la primera, que sea la última vez que entras a este despacho llamando a la puerta, ¿no ves que está abierta? La segunda, aquí has venido a currar, así que no te despistes. Y la tercera y más importante, como me entere yo de que te has follado a alguna de las secretarias, te corto los huevos y te pongo de patitas en la calle. ¿Queda claro?

—Clarísimo, jefa.

—Pues hala, bienvenido y a trabajar.

¡Lo que aprendí con ella! María me enseñó a ser tenaz, a ir al grano, a trabajar bajo presión. Su máxima era la eficiencia: hacer mucho en poco tiempo y con el mejor de los resultados. Tomaba decisiones a la velocidad del rayo, y rara vez se equivocaba. María tenía mucha experiencia, pero sobre todo olfato e instinto, cualidades que me transmitió. En las reuniones era una *killer*, no había ejecutivo (hombre) que le llegara a la suela del zapato. Era muy curioso porque, aunque me daba una leña de flipar (la que necesita un pipiolo de veintidós años recién salido de la universidad), me quería mucho. Nunca me protegió, pero tampoco me dejó con el culo al aire. Con ella aprendí latín, y le estaré eternamente agradecido por los conocimientos que me transmitió y que tan bien me han ido después para manejarme en la agresiva senda del *show business.*

Siguiendo con las mujeres, en lo sentimental... he sido un puto afortunado. He compartido mi vida con mujeres estupendas. ¡Qué paciencia mostraron conmigo! Tengo la suerte de haber compartido mi intimidad con mujeres que, por encima de todo, han sido grandes y buenas personas. No tengo nada que reprocharles, sino todo lo contrario, agradecerles el tiempo que me dispensaron y decirles desde aquí que las quiero mucho y las llevo siempre en mi corazón.

Llegados a este punto, creo que queda clara la fascinación que siento por las mujeres en todas sus facetas: madres, abuelas, novias, jefas, amigas, hijas, compañeras, amantes... Os adoro, os quiero, os amo y, sobre todo, os necesito. Os necesitamos, porque como ya he comentado en otro capítulo, los hombres somos *useless*, y necesitamos de vosotras como el agua que bebemos. Sirva esta canción como homenaje a todas las mujeres que me han acompañado en estos cincuenta años, musas de mis canciones y fuente permanente de inspiración. La vida, sin vosotras, no tendría ningún sentido. Y nuestra existencia, a la de los hombres me refiero, tampoco.

P. D. Después de muchos años hoy he vuelto a llamar a Consol. Le he pedido autorización para hacer público en este libro nuestro breve pero intenso *affair*. No solo me ha dicho que sí, sino que también me ha dado permiso para contar la segunda parte: al poco tiempo de nuestra breve aventura, ella tuvo un accidente de tráfico muy grave, necesitó un año para recuperarse y, para celebrarlo, organizó una fiesta a la cual me invitó. Como no podía ser de otra manera, le llevé un regalito, esta vez no fue un libro (ya había aprendido la lección), sino un disco. Un disco con una sola canción, la primera maqueta de *La Flaca*, porque la Flaca era una tremendísima mulata, pero hubiera podido ser perfectamente Consol.

𝍸 Me gusta cómo eres

Como una barca de papel que cuando se moja se hunde,
una manzana que al morder la cabeza me confunde,
como una veleta que se mueve y que al viento no obedece,
… me gusta cómo eres.

Como la balanza que mide el tiempo, la soledad y el silencio,
como un agujero en el cielo por donde se van los sueños,
como esa cesta que tanto cuesta llenar
y que se vacía al momento,
… me gusta cómo eres.

Como una herida en el corazón que no me duele,
me gusta cómo eres.
Como una ventana que al cerrar deja correr el aire,
una niña, una madre, una mujer en mi vida.

Como una nube cargada de agua que moja la tierra seca,
como la manta que me protege cuando el invierno llega,
como la vela que se prende y que me rescata de la oscuridad,
... me gusta cómo eres.

Como esa calle que siempre me lleva
a ese sitio al que quiero llegar,
como ese bar en la carretera
en el que me paro a descansar,
como la península sin bandera en la que me siento libre,
... me gusta cómo eres.

Como una herida en el corazón que no me duele,
me gusta cómo eres.
Como una ventana que al cerrar deja correr el aire,
una niña, una madre, una mujer en mi vida.

Como una barca de papel que cuando se moja se hunde,
como una manzana que al morder la cabeza me confunde,
como una veleta que se mueve y que al viento no obedece.

42.
HOY TENGO UN BUEN DÍA

Sí, porque me he despertado pensando que era martes y resulta que es sábado, porque pensaba que estábamos de gira por ahí y resulta que estoy en casa. Bueno, en casa precisamente no, en la furgoneta, a 2.000 metros de altura, en uno de los parajes más bellos que se puedan imaginar. Al correr la cortina he visto cómo el cielo estaba despejado. Hoy va a ser un día azul, porque estoy en el mejor sitio donde podría estar un 8 de agosto de 2015 a las 6:30 de la mañana: en medio de las montañas con mis perros *Bola* y *Fideos*, y un pico de casi tres mil metros al que trepar, el Tuc de Maubèrme.

Estaba medio dormido aún cuando he salido al exterior. La silueta de las montañas dibujaba un magnífico paisaje a contraluz. El silencio era total y solo se escuchaba el sonido del agua que bajaba por el barranco en el que por las tardes me aseo. Me he acercado para lavarme la cara: el agua estaba muy fría, como el ambiente en general, tan fría como limpia. No me he dado cuenta al salir, ¡qué rasca! ¿Dónde está el mes de agosto? Así que he vuelto al *caracol* (la furgoneta). Efectivamente, hace frío, resulta que estamos a seis grados. ¡De lujo! *Bola* y *Fideos* encantados de la vida, como si estuvieran tomando el sol en la playa de Benidorm, aunque qué distinto es Benidorm de todo esto. Por suerte, estamos aquí.

He desayunado deprisa, porque no quiero que el calorazo me pille a medio ascenso. He preparado la bolsa con algunas provisiones y *p'arriba*. A los veinte minutos, en una ladera a la que ya le daba el sol, he visto a lo lejos una manada de corzos *(bambis)*. Como el poco aire que corría les soplaba en contra, han tardado en darse cuenta de que estábamos allí, aunque al vernos se han marchado a toda velocidad. De camino al Maubèrme hay un lago, el *estany* de Montoliu, enorme, precioso. Ahí nos hemos parado, no a descansar, sino a contemplar la belleza de sus aguas inmóviles y cristalinas. Me han entrado ganas de tirarme y nadar hasta la otra orilla, pero aún es demasiado pronto porque el agua está helada, aunque los perros sí se han bañado. De repente, ha aparecido el sol y he sentido sus primeros rayos dándome en la cara. ¡Qué gusto! He cerrado los ojos y me he tumbado en la hierba a disfrutar de la luz y el calor que desprendían. Al rato me he levantado y hemos proseguido la marcha. Llegando a la falda del pico, caminando por un sendero rocoso, he visto una víbora con una cenefa en el lomo color naranja preciosa. Casi la piso. Estaba en una piedra, calentándose, y al verme se ha metido en su guarida, ni ella quería morderme ni yo molestarla. Los sábados en la montaña son de *peace and love,* nada de peleas ni malos rollos.

Por fin hemos llegado a la falda del pico. La ascensión del primer tramo es bastante suave por la parte de atrás, pero después la cosa cambia, pues la pendiente se torna bastante empinada. Hay que ir con cuidado porque se sube por una «tartera» de piedras sueltas, y es fácil irse para abajo. La cuestión es seguir el sendero que ya está marcado, aunque a veces se pierde. Después de dos horas hemos llegado a la cima, no sin antes haber tenido que rescatar a *Fideos* de un peñasco del que no sabía cómo bajar.

Es difícil explicar lo que sientes cuando estás en un sitio como este, en la cima de una montaña enorme que está rodeada de otras montañas enormes, de lagos, de valles, de vida salvaje, de naturaleza en estado puro. Me siento como si estuviera en el vientre de mi madre, y muy importante por formar parte de todo esto, a la vez que pequeño e insignificante. No puedo dejar de mirar el horizonte. Me gustaría tener alas y salir volando, como el águila que nos vigila meciéndose en el cielo como si tal cosa, aunque a la vez no me quiero mover. Me quiero quedar aquí, porque pocas veces me encuentro tan bien, tan a gusto, tan tranquilo como cuando estoy aquí arriba. El placer que experimento en este momento me ha paralizado; tenía sed, pero ahora ya no tengo; tenía hambre, pero ya se me ha pasado. Tan solo quiero quedarme en este lugar, tranquilo, y quieto, para siempre.

He estado casi dos horas en la cima, a mi rollo, sin hacer nada más que no hacer nada, desconectado de todo. Luego hemos empezado el descenso. Las piernas me duelen, pero me da igual, me han salido un par de llagas en el pie derecho, pero ya se me curarán. Al llegar al *estany* de Montoliu esta vez sí me he quitado la ropa y me he bañado. El agua estaba helada, pero qué lujo poder nadar en este charco para gigantes. Al salir me he tocado la piel: parecía terciopelo. No sé qué minerales tendrá esa agua, pero me ha dejado como nuevo. El sol me ha secado rápidamente y finalmente hemos llegado a la furgo sobre las cinco de la tarde, bastante cansados. Hemos comido y después me he quedado dormido, con las puertas abiertas. Había una brisilla fresca, divina, y a lo lejos se oían los cencerros de una manada de caballos que pacían en la llanura, y he pensado que ahora me gustaría ser un caballo y pasarme todo el verano aquí con ellos, vegetando entre montañas.

Me acabo de despertar de la siesta y es casi de noche, la hora mágica, la hora del ocaso, en la que el sol se pone y da paso a la luna. Hoy va a ser un espectáculo porque toca luna llena, y las lunas llenas en la montaña no tienen parangón. ¡Qué bien estoy, qué a gusto me siento! Hoy no ha sucedido gran cosa, ni estaba de gira ni me he bañado en la playa de Benidorm. Quizá por eso he tenido un buen día.

Hay pocas cosas que me hagan sentir lo que siento cuando deambulo entre montañas: una es navegar, encontrarme en medio del mar con rumbo a ninguna parte, dejándome llevar por el viento y las olas; y otra es el escenario. Hay momentos en un concierto donde la sensación de bienestar es incomparable, da igual si somos cien o cien mil, el momento escenario es muy placentero, tanto como el mar o la montaña. Y por mencionar otro momento, os confieso uno de mis secretos mejor guardados: pasar una mañana de sábado deambulando por los pasillos de una ferretería. Las ferreterías son mi debilidad. Donde haya una que se quite todo lo demás, y si encima tienen sección de carretillas…, entonces que se acabe el mundo, porque mi felicidad es inmensa.

P. D. A la semana de escribir este texto me diagnosticaron el cáncer, y lo primero que hice fue volver a la montaña. Trepé a otro pico, me senté en la cima y ahí decidí que, fuera lo que fuera que tuviera, me iba a poner bien, porque aún quiero tener tantos días buenos como montañas haya a las que subir.

43. LA TEORÍA DE LA RELATIVIDAD: NADA ES IMPORTANTE

De verdad que no, o por lo menos no lo suficientemente importante como para jodernos la vida.

¿Habéis estado alguna vez en Mali? Es el país más pobre de África y el tercero más pobre del mundo. Viajamos a Mali invitados por la ONG Voces para impartir unas charlas sobre música en Bamako, la capital.

Por aquel entonces yo sufría una tremenda crisis profesional: la piratería estaba mandando el negocio de la música a la mierda, en las compañías discográficas echaban a la gente a patadas y las tiendas de discos cerraban. Lo molón en ese momento era bajarse gratis la música de Napster, y los músicos, más que nunca, éramos considerados unos vagos y unos aprovechados: «¡Que se jodan si no les pagan por hacer canciones, pero si eso lo hace cualquiera!». Y, por si fuera poco, en la radio solo ponían música en inglés de lo más mediocre y repetitiva.

Llevaba un cabreo de cojones y estaba muy decepcionado por todo, así que cuando me ofrecieron la posibilidad de viajar a Mali ni me lo pensé. Recorrer el África profunda para conocerla y desconectar me pareció una oportunidad única que no podía dejar escapar. Se lo propuse a Álex Tenas, batero de Jarabe de Palo y buen conocedor de este continente (vivió un tiempo en Kenia), y nos fuimos *pa'llá*.

En apenas una semana aprendí más de la vida que en casi toda mi existencia. Bamako no es una ciudad bonita, porque Mali es, como decía, el tercer país más pobre del mundo, pero a mí, como neófito del África profunda, al principio me pareció fascinante. No la ciudad en sí, sino el paisaje. Llegamos de noche y, de camino hacia el hotel, me pareció estar dentro de la película *Blade Runner*, pero en una versión de bajo presupuesto. Calles de tierra, luz de farola muy tenue, familias enteras subidas en motos de feria yendo de acá para allá, barracas de madera y plástico con gente viendo la televisión en el porche (por llamarlo de alguna manera). Quería pensar que ese paisaje ya lo había vivido anteriormente en algunos barrios de algunas ciudades de Latinoamérica, pero la fascinación se fue desvaneciendo. Para qué engañarse, aquí todo respiraba otro aire, el de la miseria extrema.

Al día siguiente nos llevaron al conservatorio, que se encontraba a las afueras. El edificio estaba en bastante buen estado y los alumnos iban bien arreglados, nada que ver con las personas que habíamos visto por las calles de Bamako la noche anterior. Después nos dijeron que eran los hijos de los oligarcas de la ciudad. En fin…

Estuvimos una semana trabajando con los chicos y, lejos de enseñarles, terminamos aprendiendo muchas cosas de ellos. El último día improvisamos un estudio de grabación y nos hicimos una versión de *Depende* pero en bambara, que es una de las lenguas autóctonas del país junto con el francés. Se puede ver el vídeo en Youtube.

Habíamos terminado el trabajo, así que al día siguiente aprovechamos para hacer turismo, esta vez de día. Nos bajaron en coche hasta el mercado y ahí empezamos nuestro paseo. Creía estar preparado para todo, pero resultó ser que no. Lo que vi en esa mañana, aparte de *heavy* de cojones, fue muy revelador. Al lado del mercado, que diría que está en el centro de la ciudad, se encuentra el vertedero municipal, una montaña de mierda de más de diez metros de alto donde vive gente. Gente que come de la basura que genera la ciudad. Nos adentramos por sus calles y de repente me sobrevino un olor muy fuerte.

Miré hacia el suelo y había un hombre muerto, pero como si nada, la gente lo esquivaba y seguía haciendo su vida a su ritmo. Estaba muerto y punto; no presentaba ningún signo de violencia. Era un esqueleto con piel. Habría fallecido de hambre o malaria. En la siguiente esquina había un puesto de bananas y la vendedora era una mujer muy alta y flaca, con un niño que llevaba colgado en una especie de fular. El crío respiraba, pero por su aspecto diría que no por mucho tiempo más. Más adelante, otro hombre muerto yacía en una alcantarilla, lugar por el que corría agua fétida y putrefacta que bajaba hacia unas chabolas. ¿Sería el agua que utilizaban para lavarse? Porque Bamako es un auténtico secarral.

Cuento esto porque para mucha gente de Mali el principal cometido en su día a día (o mejor, en su día) es sobrevivir. Es decir, despertarte por la mañana y hacer lo posible para poder llegar a acostarte por la noche, y haber tenido la suerte de que no te pique el mosquito del dengue, porque si te pica estás muerto. Y de día, que no te pique el de la malaria, porque si te pica también la palmas, o no morirte de hambre, o no contagiarte del sida, o que no te atropelle un coche o una moto, porque nadie te va a recoger del suelo, no por falta de civismo, sino porque todo el mundo está ocupado en una tarea fundamental: llegar vivo a la noche. No exagero ni un milímetro. En Bamako las cosas son así: sobrevivir es lo principal. En Bamako no hay tiempo de pensar en las vacaciones, en los regalos de Navidad, en si pido un aumento de sueldo o si la semana que viene dejo de fumar. En Bamako lo importante es pensar en estar vivo, por eso le dan tanto valor a la vida y por eso le dan tan poca importancia a la muerte, porque en Mali, y en África en general, la línea que separa la vida de la muerte es extremadamente fina.

¡Y yo puteado porque en la radio ya no ponían *rock'n'roll*! De ahí viene la teoría de la relatividad: cuando te sientas desgraciado y no sepas muy bien la causa, cuando estés triste porque tu novia te ha dejado, cuando creas que el mundo se acaba porque has perdido el trabajo, o el móvil, o las putas llaves del coche, vete a Mali. Créeme, ahí se te va a pasar la tontería volando. A mí se me pasó. Regresé a Barcelona y estuve quince días levitando por todo lo que había vivido. Me levanté una mañana, reseteé mi disco duro y desde entonces me quejo poco. Acepto las cosas como vienen, y cada vez que me ahogo en un vaso de agua me acuerdo de Bamako (allí el vaso de agua estaría lleno de cocodrilos).

«¡A glonendo…, oooooh!» (estribillo de «Depende» en lengua bambara).

ⵣ Depende

Que el blanco sea blanco,
que el negro sea negro,
que uno y uno sean dos,
porque exactos son los números... Depende.

Que aquí estamos de *prestao,*
que el cielo está *nublao,*
que uno nace y luego muere,
y este cuento se ha *acabao*... Depende.

Depende, ¿de qué depende?
De según como se mire, todo depende.

Qué bonito es el amor,
más que nunca en primavera,
que mañana sale el sol,
porque estamos en agosto... Depende.

Que con el paso del tiempo
el vino se hace bueno.
Que todo lo que sube, baja,
de abajo arriba y de arriba abajo... Depende.

Depende, ¿de qué depende?
De según como se mire, todo depende.

Que no has conocido a nadie
que te bese como yo,
que no hay otro hombre en tu vida
que de ti se beneficie... Depende.

Que si quiere decir «sí»
cada vez que abres la boca,
que te hace muy feliz,
que hoy sea el día de tu boda... Depende.

Glonendo, glonendo muna
Infledi chocola, cove glonendo.

44.
PRISA MATA, AMIGO: EL ESTRÉS

Marruecos es un país excepcional, por tener tiene de todo, hasta estaciones de esquí. Dicen los *surfers* que las mejores olas están allí, y los desiertos son impresionantes, al igual que sus ciudades y su gente. Aprovechando unas minivacaciones que tuve entre gira y gira, una buena amiga me secuestró y nos fuimos *pa'llá* (digo lo de «minis» porque mis vacaciones siempre han sido muy cortas, no sé por qué). La primera noche dormimos en Tánger, y al día siguiente enfilamos hacia la hermosa Marrakech.

Alquilamos una habitación en la casa de Lluïsa y Jordi, una preciosa vivienda tradicional reformada y regentada por una pareja de valencianos estupendos que lo habían dejado todo en España y se habían establecido en la ciudad. La casa estaba en pleno zoco, el mercado principal de la ciudad, y de ahí tengo uno de los recuerdos más fabulosos de mi vida. En realidad, la casa-hotel era un oasis en pleno zoco en la que no se oía nada. Desde su terraza del ático, había una fantástica vista de Marrakech, con el desierto al fondo. El único ruido que rompía el hipnótico silencio eran las llamadas a la oración que se escuchaban, al atardecer, una tras otra, como pisándose, llegando desde diferentes puntos de la ciudad.

Jordi se había quedado sin tabaco, así que nos invitó a salir a comprar unas cajetillas y de paso dar un paseo. Fue cruzar la pequeña puerta de la entrada y quedarnos atrapados en el caos más absoluto. Calles estrechas repletas de gente, motocicletas, burros con carros, mujeres con velo y hombres con chilaba, herreros en la calle trabajando a mano y martillo, como en la época medieval, tiendas donde vendían especias que parecían cuadros de Basquiat, alfombras de mil colores colgadas de las paredes..., los olores, el ruido, la luz. ¡Alucinante! Quedé totalmente abducido por ese maremoto tan caótico y vivo.

La idea era pasar un par de días en Marrakech y después irnos con la furgoneta a dar una vuelta por el país. Destinos había muchos: Fez, Ketama, Essaouira, Chefchaouen (a donde con los años volveríamos con Jarabe a tocar)... Pero al final nos quedamos y pasamos toda la semana mimetizados con el zoco y su particular y disparatado funcionamiento. Era como nuestra casa, conocíamos casi todos sus recovecos, delicioso pasar el día allí entre sus callejuelas.

Después de recorrer todas las tiendas de alfombras habidas y por haber nos decidimos por una, la que nos pareció que podía tener más variedad. Volvimos a visitarla una mañana y ahí estaba el jefe, un marroquí muy delgado que me recordó muchísimo a Dalí. El hombre hablaba francés, así que con ese gabacho de pacotilla que uno tiene le comenté que queríamos comprar algunas de sus alfombras. El hombre nos invitó a sentarnos y nos ofreció un té. ¡Con las cosas que nos quedaban por hacer! Pero, en fin, allá donde fueres haz lo que vieres. Nos sentamos y nos preguntó en qué tipo de alfombras estábamos pensando. La idea era comprar cuatro o cinco, bonitas, coloridas, a poder ser de pelo de camello. De pronto entraron otros clientes en la tienda y él se levantó para atenderlos. ¡Con la prisa que teníamos! Estuvimos como veinte minutos esperándole. Eso sí, sentados con nuestro tecito, la mar de bien. Al volver a la mesita nos dijo que nos viéramos por la tarde, que tendría algo especial preparado para nosotros.

Y eso hicimos. A la hora convenida nos encontramos de nuevo en la tienda, donde el dueño nos estaba esperando. Se había puesto una chilaba preciosa y se le veía muy arreglado, como que se había preparado para recibir a tan «honorables» clientes. Subimos a una estancia en la parte de arriba del establecimiento, nos ofreció otro té y empezaron a entrar dependientes con alfombras de todo tipo y tamaño. De cada una daba una explicación: de dónde venía, el material, los colores, las medidas aproximadas, para qué parte de la casa quedaría bien... *Ça c'est la royale!* (¡Esta es la real!) dejó caer cuando apareció con una alfombra increíblemente bonita de pelo de camello, que evidentemente acabamos comprando. La verdad es que parecía que estuviéramos sentados en la platea de un teatro mozárabe, asistiendo a una *performance* de *El mercader de Venecia* preparada especialmente para la ocasión. A las dos horas de festival hice el ademán, con mucho cuidado y mostrando todo tipo de respeto, de que se nos estaba haciendo tarde. Lo que sobrevino a continuación fue el silencio. «¡Madre mía, la he *cagao*!» El hombre me miró con ojos de Dalí en su faceta más de loco y en un castellano bastante aceptable me suelta: «Prisa mata, amigo». Y como si yo no le hubiera dicho nada, prosiguió con su explicación. Mil alfombras siguieron entrando y saliendo de la estancia, y tras dos horas más finalmente nos pudimos marchar, no sin antes haberle comprado ¡veintisiete alfombras!, eso sí, muy bonitas todas.

«Prisa mata.» ¡Qué frase tan sabia! Lo bien que lo pasamos esa tarde en la tienda de alfombras. ¿Teníamos alguna prisa? Nos parecía que sí, pero en realidad no. Estábamos de vacaciones, en Marruecos, sin nada que hacer, porque una de las premisas de nuestras vacaciones era tener «cero planes». Pero nosotros, especialmente yo, con el cohete en el culo. Siempre a *full*, siempre con el cuentarrevoluciones a tope, como si el mundo se fuera a acabar mañana. Creo que terminé volviéndome adicto a ir siempre de *puto culo*, con lo bien que se vive sin correr. Es más, estoy seguro de que gran parte de la culpa de mi «cangrejo» la tiene la urgencia con la que he vivido.

Ahora ya no tengo prisa. Hago las cosas con tiempo y cuantas menos mejor. No tengo agenda, no tengo WhatsApp, leo los *e-mails* que me mandan una vez cada dos días, o a veces incluso una vez a la semana, y entonces, sin prisa, contesto. Con los mensajes de móvil (SMS), lo mismo. Si hay algo urgente ya me llamarán.

Mi lema ahora es «deja para mañana lo que tengas que hacer hoy». O como decía el Dalí de Marrakech, «prisa mata, amigo».

45.
LOS AMANTES DE TERUEL, TONTA ELLA Y TONTO ÉL

¿Por qué será que nos cuesta tanto decir las cosas tal como las pensamos? ¿Por qué nos es tan difícil expresar nuestros sentimientos? Si lo hiciéramos, todo sería mucho más fácil. No sé si es por vergüenza, por orgullo, o si por miedo a ser rechazados, pero en las cosas del amor tenemos la tendencia a decir siempre lo contrario de lo que pensamos o sentimos. O mucho peor, a no decir.

Estábamos en Valencia durante las Fallas. Es una ciudad espléndida, tanto de día como de noche, tan espléndida como lo son sus habitantes. Después del concierto, como no podía ser de otra manera, salimos a ver qué pasaba por ahí y fuimos al barrio del Carmen. Entramos en un garito que estaba petado, nos acercamos a la barra y vimos que en la esquina había sitio. Me senté en una banqueta alta, y a mi lado quedaba una libre. De repente, se acerca una chica y me pregunta si el sitio estaba libre. Le respondo que por supuesto y la invito a sentarse. Ella me mira perdonándome la vida y toma asiento. Ahí empezamos a conversar:

—Hola, soy Pau. ¿Quieres tomar algo?

—Bueno, una cerveza. ¿Eres de por aquí?

—No.

—Ah, ¿y qué estás haciendo en Valencia?

—Soy músico. Hemos venido a tocar para Fallas.

—¿Cómo se llama tu grupo?

—Jarabe de Palo.

—No me suenas, la verdad.

En esos momentos Jarabe de Palo era un grupo bastante popular. En 1998 estábamos con la gira de *Depende* y, aparte de tocar el día fuerte de las fiestas, Valencia estaba forrada de pósteres con mi careto. No es porque sea un creído, pero me pareció sospechoso que no supiera quién era.

—Ahora que lo dices, sí que te tengo visto, te pareces al de Jarabe de Palo.

—De hecho, lo soy.

—Pues no te creas que por ser quien eres te vas a acostar conmigo. Todos los músicos sois iguales... Os creéis que porque una chica sea simpática y se deje invitar a una copa ya te la vas a llevar a la cama.

¡¡¡¡¿¿¿¿...????!!!!

¡Increíble pero cierto! Aunque su mensaje estaba claro, es decir, justo lo contrario de lo que me había dicho, o sea, hoy me acuesto contigo. No veas la película que se había montado la colega por un simple y escueto «Hola, soy Pau, ¿quieres tomar algo?». Pero la cosa no acaba aquí:

—Es que los músicos, ya se sabe, como los marineros, una novia en cada puerto. Pero yo no soy de esas, ¿eh? ¡Que te lo has creído, no todas las chicas somos iguales!

¡Pues claro que todas las chicas sois iguales! Y los chicos también. ¿Para qué estamos sino para seducirnos los unos a los otros? Para gustarnos. Para querernos y hacer el amor y, en el mejor de los casos, reproducirnos, que es por lo que la madre naturaleza te ha dibujado una *huchita* a ti y a mí me ha colgado un *pajarito*. ¡Qué brasa, tú! Lo cierto es que la chica estaba de muy buen ver, y estaba claro que quería pasar la noche con ella, pero a lo mejor antes se puede hablar un rato, contarse cuatro cosas divertidas, reírse, conocerse un poco más y después, pues alegría *pa* España.

En la segunda cerveza que nos tomamos la cosa ya se había relajado un poco. En efecto, la conversación tomó un aire más distendido e interesante, y la verdad es que nos gustamos mucho, pero llegó la hora de irse, y el concierto del día siguiente era en Málaga, así que pedí la cuenta, pagué y cuando iba a preguntarle qué hacíamos me dice mi guerrera acompañante:

—¿Te vas?

—Sí, mañana tengo concierto y me convendría dormir un poco.

—Mira, tengo el coche ahí afuera. Si quieres te llevo al hotel, ¡pero ni de coña subo a la habitación!

¡Faltaría más! ¡Si es que a mí tampoco me apetece! ¡He salido de copas solo para que me dé el aire! Ja, ja, ja, ja... Esa fue la frase de confirmación. Aquella noche me iba a acostar con una valenciana guapa y peleona que, al llegar al hotel, aparcó, subió a la habitación y nos quemamos como se queman las fallas valencianas en Sant Josep.

Y digo yo, ¿hacía falta todo ese paripé? Que si los músicos esto, que si los músicos lo otro, que si una novia en cada puerto, que si no me acuesto contigo... ¿No hubiera sido más fácil dejarse llevar por los acontecimientos, sabiendo desde el principio que nos gustábamos, antes que pasar toda la noche diciendo justo lo contrario de lo que ella quería?

Me pasó algo parecido en Berlín cuando conocí a Kati y a Antonia, las dos alemanazas más guapas, rubias y simpáticas del mundo mundial. Era la primera vez que tocábamos allí, recuerdo estar en el escenario y ver cómo dos melenas superrubias no paraban de bailar.

Al terminar el concierto hubo fiesta en el camerino. Fui a una estancia contigua a cambiarme y al volver ahí estaban ellas dos. Debajo de ese pelo rubio había un par de bombones de chocolate blanco, de ojos superazules e imborrables sonrisas. Nos saludamos y descubrí que además hablaban un castellano más que correcto. Les pregunté qué hacían en el concierto y me respondieron que les encantaba el grupo, que lo conocían porque eran las canciones que escuchaban en sus clases de español. Si hasta el momento Berlín me había gustado, a partir de ahí mucho más. Me preguntaron qué hacía esa noche y les contesté que salir con ellas. Y salimos. Pillamos el metro, subimos las bicicletas (sí, en Alemania puedes llevar bicicletas y perros en el transporte público) y nos fuimos de marcha. Como buen latino, rápidamente me puse en modo *machoman*. Objetivo: impresionarlas para después intentar acostarme con alguna de las dos. Debí de soltar tal cantidad de gilipolleces que al rato Antonia me dice: «Oye, Pau, relájate. No hace falta que te hagas el *latin lover.* Vamos a divertirnos y, al final de la noche, si nos apetece, dormimos juntos. Pero ahora, *enjoy Berlín!*». Tremenda lección me acababa de dar esa mocosa guapetona de rizos dorados —por aquel entonces Antonia rondaba los veinte—. Me encantó, y me lo dejó más claro que el agua: deja de comportarte como el Rodolfo Valentino que no eres y sé tú mismo, que así es como me gustas.

Antonia y Kati también se conocieron aquella noche, y ahora son las mejores amigas, y ese mismo día también me conocieron a mí. Han pasado diez años y hace una semana vinieron a verme las dos desde Alemania. Siguen igual de rubias, guapas y risueñas. Lo que nos llegamos a reír recordando viejos tiempos. Aunque cada uno ha hecho su vida, nos seguimos queriendo mucho, y estoy seguro de que es porque desde el primer momento nos dijimos las cosas por su nombre.

Para acabar de ilustrar el tema os muestro una carta que envié, más o menos al mes de dejarlo, a una novia que tuve hace años:

> Qué sorpresa esta mañana al abrir el teléfono y ver que me habías escrito. ¿Que cómo lo llevo? Pues muy bien. Ya sabes, enredado con mil cosas. Parece que para mí los días son de treinta horas. Estoy contento. El otoño es aquí precioso. Me levanto por la mañana, salgo de paseo. Después ducha, desayuno y me meto en el estudio hasta la hora de cenar. No tengo tiempo para nada. Por cierto, he conocido a una chica: guapa, lista, cariñosa, buena gente… Vamos, como si me la hubieran hecho a medida. ¡A ver si resultase ser mi media naranja! En fin, que no me puedo quejar. Tran-

quilo y contento. Lo pasé un poquito mal al principio de separarnos, pero vuelvo a estar en forma. Y de corazón deseo que tú estés igual de bien.

Te mando un beso y hasta la vista.

P. D. Soy imbécil.

¿Que cómo estoy? Pues hecho una mierda. Acordándome de ti cada segundo que pasa. Pensando en lo que hubiera podido ser y no fue. Echándote muchísimo de menos. No he podido olvidar ni un milímetro de ti. Tampoco lo he intentado. Sé que lo mejor para los dos es estar separados, que lo nuestro es imposible, pero no sé qué hacer sin ti. Te beso y espero con impaciencia volver a despertarme alguno de estos días y con un mensaje tuyo en el teléfono.

Te amo.

Lo dicho, con lo fácil que sería todo si nos dijéramos las cosas por su nombre. ¡*Cachis* en la mar!

Blablablá

Uh… *blablablá.*

Me estás hablando
y no te estoy entendiendo de nada.
Narananá

En mi cabeza lo que dices suena a *blablablá*,
hablar por hablar, *blablablá.*

Uh... *blablablá.*
Hablar por hablar, *blablablá*

Me estás hablando
y otra vez no oigo más que chorradas,
palabras vacías.
En mi cabeza tu canción suena a *lalalá*,
la misma canción *lalalá.*

Uh... *lalalá.*
Esa puta canción, *lalalá.*

A los gritos no hay amigos.
A los gritos no, conmigo no.
A los gritos sin motivo.
A los gritos no, otra vez no.
A los gritos sin sentido.
A los gritos se pierde la voz.
A los gritos no te pillo.
A los gritos no, conmigo no.

Sé que algo me quieres decir,
pero nada que ver
con la realidad.
Será que tu boca y tu alma
no están conectadas,
o no con la mía.

Leo cada gesto
que a cuentagotas me manda tu cuerpo.
Leo, veo, grabo, observo,
memorizo y retengo.
Clavo mis ojos en los tuyos,
por si hay algo más
pero nada de *ná, nadená*.

Uh... *blablablá*.
no hay nada más, *nadená*.
Uh... *blablablá*,
ni menos ni más.
Leo, veo, grabo, observo,
memorizo y retengo.
Uh... *blablablá*.

A los gritos no hay amigos.
A los gritos no, conmigo no.
A los gritos sin motivo.
A los gritos no, otra vez no.
A los gritos.
A los gritos no escucho tu voz.
A los gritos no te pillo.
A los gritos no, conmigo no.

Uh... *blablablá*.

46.
Y ES QUE MADRE SOLO HAY UNA

¡Qué difícil es pedir perdón! A veces tanto como perdonar. La cuestión es que lo puedas hacer. Como me dijo una vez Toni «Mendrugo» Planells: «Nunca hagas nada por lo que no puedas pedir perdón».

Recuerdo el año en que mis tres hermanos se fueron a San Francisco. Se establecieron en el barrio de La Misión, aunque en viviendas distintas. Marc fue a estudiar cine, Bernat a trabajar en el Pinchos, un restaurante especializado en comida española, e Isabel a estudiar Iluminación y Escenografía de espectáculos en la Universidad de San Francisco State, una escuela pública de artes escénicas de flipar.

Mientras tanto, en 1998 en Jarabe estábamos con *Depende* a todo gas. En una de estas me tocó ir de promoción a Estados Unidos. Llamé a Isabel y le dije que iba a pasar unos días en Miami, y que si le parecía bien nos podíamos ver allí. Ella llegó un día antes y se instaló en el apartotel Casa Grande que había en Ocean Drive, justo delante de la playa.

Llegué a la ciudad y, antes de empezar con la promo, fui al apartamento a buscarla y de paso a dejar las cosas. Como no podía ser de otra manera, estaba todo patas arriba, ¡ja, ja, ja, ja!, pero esta vez me hizo mucha ilusión, porque quería decir que mi hermanita había llegado. Al vernos nos abrazamos, hacía tiempo que no coincidíamos y le pregunté por ella y por cómo iban las cosas por San Francisco con el resto de los hermanos, y quedamos para vernos más tarde, pues ella tenía planes de playa y yo de entrevistas. Al regresar al apartamento por la noche Isa ya se había arreglado, así que yo me di una ducha rápida y nos lanzamos a la calle. La noche era nuestra y la íbamos a aprovechar. Nos fuimos a cenar a un buen restaurante, alquilamos una limusina (típica turistada) y nos fuimos a pegar unos buenos *dancings*. En Miami la fiesta es larga, pero la noche corta, así que cuando nos quisimos dar cuenta ya estaba amaneciendo, por lo que decidimos volver al apartotel. Nos sentamos en el sofá y empezamos a conversar. Hablamos de muchas cosas, pues había novedades en nuestras vidas, muchos proyectos. Isabel tenía veintidós años y yo treinta y pocos, así que os podéis imaginar la de planes que teníamos bullendo en nuestras respectivas cabezas… de chorlito. También aprovechamos para hablar del pasado, lo cual me vino muy bien, porque desde hacía tiempo estaba cargando con una mochila muy pesada que quería quitarme de encima, una mochila que tenía mucho que ver con ella: cuando murió madre me tocó ponerme en su papel, sobre todo con mis hermanos.

Sustituir a una madre es imposible, no hay nada ni nadie que la pueda reemplazar, pero mucho menos un trasto con cuatro pelos en la barba que justo acababa de cumplir dieciséis años. Y mi padre, supongo que como cualquier otro padre en su situación, pues bastante tenía el pobre con seguir cumpliendo con su papel. Con mis hermanos, Marc y Bernat, más o menos lo trampeamos, pero con mi hermana fue nefasto. Todo mal. No sabría cómo explicarlo, hice todo lo contrario de lo que se supone que una madre tiene que hacer para que una niña de seis años tire hacia delante. Fui sobreprotector, autoritario, severo, como la señorita Rottenmeier de los dibujos de *Heidi,* para que nos entendamos. Isabel era la niña de la familia y yo no iba a dejar que nada ni nadie le hicieran daño, y tanta era mi obsesión que la cagué mucho, hasta el punto de que cuando cumplió los dieciocho se piró a Londres, bien lejos de casa.

Total, que en un momento dado, sentados uno al lado del otro, le revelé lo mal que me sentía por el asunto, pues hacía tiempo que estaba jodido con eso y le quería pedir perdón por haberlo hecho tan mal. Se hizo el silencio. Al cabo de unos minutos se incorporó y me dijo que, en efecto, como hermano mayor había sido un desastre, y como madre mucho peor, pero que a pesar de ello sabía que lo había hecho con toda la buena intención, así que no tenía nada que recriminarme. Recuerdo como si fuera ayer lo que me dijo a continuación:

—Te quiero tanto como si lo hubieras hecho bien. Lo pasado, pasado está.

Esa fue su manera de perdonarme, muy generosa, porque a pesar de lo que ella dijera, razones para recriminar las había, y muchas. Curiosamente, me costó tan poco pedirle perdón como a ella perdonarme. Al día siguiente nos levantamos, desayunamos juntos y entre risas nos despedimos, no sin antes decirle que se portara bien, que fuera juiciosa y que se cuidara mucho. ¿Veis? Ya la estaba cagando otra vez.

Y es que madre no hay más que una ☺.

47. LUCHA DE GIGANTES

En un mundo descomunal
siento mi fragilidad.

Fragmento de *Lucha de gigantes,* de Antonio Vega

Si de alguien he aprendido a escribir canciones es de Antonio Vega, y si de alguien he sido fan ha sido de él. Poeta de esquivos mensajes, músico de inexplicables arreglos y hermosísimas melodías, en mi opinión, compositor sin igual. Antonio Vega escribió algunas de mis canciones favoritas, entre ellas *Lucha de gigantes,* una auténtica obra de arte de la que extraigo este par de versos.

Cuando salí del hospital después de la segunda operación, me instalé en el Hilton. El Hilton, para que nos entendamos, es la casa de mi tía Mercè, un piso cercano al Hospital de la Vall d'Hebron donde nunca falta de nada. Mi tía Mercè no es enfermera, pero sí es especialista en cuidar a enfermos. Estuve unos cuantos días allí, pasando el postoperatorio, y los recuerdo especialmente por dos cosas: lo bien que me cuidó (uno no está acostumbrado a tantas atenciones) y lo extremadamente débil que estaba yo: pesaba solo sesenta y ocho kilos. Estaba muy flaco, y os podéis imaginar que, después de una operación de colon y otra de hígado en apenas cuatro semanas, tenía el chasis bastante machacado.

Pero, bueno, estaba vivo, con buen ánimo, y había que recuperarse para empezar la quimio cuanto antes, así que me puse a hacer deporte a lo bestia. Por la mañana hacía una tanda de esprints para sacarme el sueño: de la cama al baño, del baño a la cocina a desayunar, de la cocina otra vez al baño para ducharme, y del baño al sofá para la siesta mañanera. Calculando con bastante precisión, eso me llevaba unas tres horas, de las que empleaba dos para el desayuno y la ducha. La hora que quedaba era para los desplazamientos. ¡Menuda aventura ir de la cama al baño! Al andar parecía un oso perezoso que se había caído del árbol; si hubiera competido con un caracol, habría perdido seguro. Incorporarme de la cama, bajar las piernas, levantarme, empezar a andar, abrir la puerta de la habitación…, una auténtica proeza solo para titanes.

A la semana emprendí un nuevo reto: ir a tomar el sol al parque de enfrente. Para eso había que abrir la puerta de casa, la del ascensor, pasar el vestíbulo del edificio, abrir la puerta de la entrada (las primeras veces esperaba a algún vecino que saliera o entrara, porque solo no podía), recorrer unos ochenta metros y por fin llegar al banco donde me gustaba sentarme a tomar el sol. Todo un reto, pero me encantaba ese paseo, porque cada día hacía los pasos más largos, arrastraba un poco menos los pies, tardaba menos tiempo y poco a poco iba recuperando mi posición erguida. Veía cómo el cuerpo se iba superando día a día. Al poco tiempo pude llegar a un banco que estaba algo más lejos y con mejores vistas, e incluso permanecer un rato de pie. Los progresos eran casi insignificantes, pero estando tan débil a mí me parecían auténticos hitos. Ahí fue donde me percaté de la enorme capacidad que tenemos los humanos de sobreponernos a las situaciones más adversas.

Nunca había estado tan débil, como nunca había estado tan fuerte. Mi cuerpo casi no me aguantaba, pero mi mente podía con todo. Nunca me había esforzado tanto en superarme, porque el asunto era que no me podía caer al suelo y, cuando estás en ese estado de debilidad extrema, las probabilidades de desmoronarte son grandes. Pero ahí estaba yo, con la mente firme y concentrada en tirar del cuerpo. ¡Y tiraba! Más que nunca, porque en otras circunstancias hubiera abandonado, porque en otra situación no me hubiera arriesgado a poner en peligro mi delicada salud cayéndome al suelo, pero curiosamente fue en el límite de mis fuerzas, casi tocando fondo (a nivel físico, me refiero), en donde encontré la motivación para emprender uno de los retos más potentes de mi vida: llegar de la cama al baño por mis propios medios.

Tengo un recuerdo estupendo de esos momentos. Ahora sé que soy capaz de todo. Si pude levantarme de la cama, si pude llegar a la cocina, si acabé llegando al parque sin pararme a descansar en el camino, si llegué al segundo banco, entonces en la vida no hay nada que se me vaya a resistir. Y si yo puedo, cualquiera puede.

Como ya he comentado con anterioridad, en las sesiones de quimioterapia compartía siempre tratamiento con tres personas más, aunque cada sesión era distinta, porque los compañeros cambiaban. En una de ellas conocí a Margarita. Esta, como su nombre indica, es una flor preciosa, de unos treinta años, algo desmejorada por el tratamiento, pero una bellísima flor de blancos pétalos y amarilla sonrisa. Había tenido cáncer a los veinte años, se había curado y ahora había recaído. Margarita era muy tímida y retraída, en todo el rato que pasamos juntos no me dirigió la palabra. Estaba ya poniéndose el abrigo cuando se me acercó y me dijo: «¿Sabes una cosa? Cuando recaí estuve muy mal. No me podía mover de la cama, estaba hecha polvo. Entonces me enteré de lo tuyo y empecé a seguirte por Instagram. ¡Menudo loco estás tú hecho! Que si esquiar, que si concierto, que si la pesca... Pero ¿sabes qué? Que pensé que, si tú podías hacerlo, yo también. Y aquí estoy. He venido andando de casa y andando que me voy».

Os parecerá poca cosa, porque en la actualidad el que no corre maratones se tira tres horas en el gimnasio, pero Margarita es una auténtica campeona, porque estando hecha polvo como está viene a ponerse la quimio en el hospital andando desde su casa. Ahora puedo entender perfectamente lo que significa «estar hecho polvo» de verdad. Margarita es fuerte como una roca. Una pura sangre, como también lo es Idaira.

Idaira es otro bellezón, como todos sus compañeros y compañeras de la octava planta del Hospital La Paz. Con Idaira hicimos un vídeo para la ONG Juegaterapia (www.juegaterapia.org), ella era Campanilla y yo CJ. A Campanilla le afecta un «cangrejo» bastante tocapelotas que la tiene un poco flaca, como si estuviera haciendo la «operación bikini del verano» pero no exactamente, y con un *look* bastante moderno, a lo Skunk Anansie, pero no exactamente.

Compartimos un rato juntos, corto, pero suficiente como para enamorarme de ella y poder apreciar la tremenda fortaleza que emana de su palpable debilidad. La quimioterapia a la que se somete deja a Campanilla sin fuerzas para volar, pero cuando la miras a los ojos, cuando abrazas su delicado cuerpecito, te das cuenta de que esa niña de grandes y rasgados ojos ya está preparada, a pesar de su juventud, para afrontar cualquier cosa que le venga en la vida, porque es más fuerte que el Increíble Hulk, más lista que Jaimito y más dura que Harry el Sucio, porque desde su debilidad conoce y sabe perfectamente cómo hay que pelear cuando las cosas se ponen feas.

Cuando Antonio Vega habla de lucha de gigantes me imagino a Margarita subiendo por la calle Mayor de Gràcia para llegar a la plaza de Lesseps y luego encarrilar la avenida del Hospital Militar hasta llegar al Vall d'Hebron. O a Idaira-Campanilla lavándose la cara cada mañana para ir al hospital a que le hagan el tratamiento. *En un mundo descomunal, siento su fragilidad.* ¡Y tanto si la siento, porque en algún momento yo también la viví! Es alucinante ver cómo, cuando estás jodido, pequeñísimos esfuerzos que en condiciones normales pasarían inadvertidos pueden convertirse en colosales hazañas.

¡Qué fuertes y valientes somos cuando la vida

nos pone en el límite! Tú, yo y cualquiera. Y si no mira a Margarita, a Idaira y a todos los gigantes que desde la debilidad luchan cada día por conseguir sus pequeños grandes retos.

Me encantó llegar al baño sin caerme, bajar las escaleras a cámara lenta, llegar al parque después de un maratón de ochenta metros, sentarme en el banco como el que sube al podio en unos Juegos Olímpicos. Me encantó ver el mundo desde mi debilidad extrema y notar que mi cuerpo volvía lentamente a la vida.

Lucha de gigantes
convierte
el aire en gas natural,
un duelo salvaje
advierte
lo cerca que ando de entrar,
en un mundo descomunal
siento mi fragilidad.

Fragmento de *Lucha de gigantes*, de Antonio Vega

48. HISTORIAS CON «EL CANGREJO»

Hace días que necesitaba un cambio, que me pasara algo, algo potente. Así funciono, la rutina me mata y cada cierto tiempo me hace falta un revulsivo. Los cambios potentes puedes ir a buscarlos o pueden sobrevenir. En este último caso nunca sabes, ahí es el destino quien manda, y suelen pillarte desprevenido. Es como que la vida te pone a prueba, y donde sale tu verdadero yo, porque estas pruebas se suelen afrontar de forma instintiva. Durante los cincuenta años que llevo aquí, destaco cuatro momentos potentes: la muerte de madre, cuando decidí que iba a ser músico, el nacimiento de mi hija y el cáncer. Nadie está preparado para esto último, o por lo menos yo no lo estaba.

Era verano de 2015 y llevábamos cinco años de mucha actividad, en especial los dos últimos, en los que habíamos estado haciendo un gran número de conciertos. Justo volvíamos de una gira por Estados

Unidos, Latinoamérica y Europa, y regresaba a casa después de casi cuatro meses. Yo me sentía cansado, y pensaba que estaba en baja forma, lo normal después del palizón, así que agarré algo de ropa, unas botas y me fui a la montaña a desconectar. Pero en mi cuerpo seguía habiendo algo que no se encontraba bien, pues cuando comía o bebía me dolía la barriga. «Algún bicho que habré cogido por ahí», pensé. Por si acaso, un día fui al hospital a hacerme unos análisis y me detectaron anemia. Entonces los médicos encargaron rápidamente una colonoscopia y ahí me encontraron el primer tumor: tenía cáncer de colon, y con posterioridad me diagnosticaron metástasis en el hígado. Me operaron dos veces en cuatro semanas y me extirparon trece tumores, uno en el colon y doce en el hígado. Luego vino la quimio, doce sesiones durante seis meses, y finalmente las revisiones trimestrales.

¡Pim-pam-pim-pam! De creerme Mazinger Z a verle las orejas al lobo en un abrir y cerrar de ojos. Así fue la cosa. ¡Qué burro! Y yo que presumía de no haber ido nunca al médico. ¡Error! Si hubiera ido antes, otro gallo cantaría en este momento. Seguramente no tendría tumores, ni me hubieran tenido que operar, no hubiera hecho la quimio, etc., pero a la vez me hubiera perdido un montón de acontecimientos increíbles que gracias al «cangrejo» he tenido la fortuna de vivir.

Tener cáncer es una putada, porque te la estás jugando. Dice la estadística que en breve uno de cada dos hombres que llegue a los 85 años habrá padecido o padecerá esta enfermedad, y una de cada tres mujeres también. Pero a mí me ha ido bien, muy bien. El cáncer me ha devuelto a la vida, porque mi vida, aunque apasionante, alegre y divertida, era un sinvivir.

Después de las operaciones empecé con la quimio. Era un tratamiento complementario a base de varios medicamentos bastante fuertes; uno me lo ponían en el *hospi* y el otro me lo llevaba en una bomba de infusión (el «walkman») que me lo inyectaba ininterrumpidamente durante cuarenta y ocho horas. Después de la primera sesión volví a casa y a la mañana siguiente, como todas las mañanas cuando no estoy de gira, intenté sacar a mis dos perros de paseo, *Bola* y *Fideos*, y no pude, estaba hecho polvo. Pasé todo el día tirado en el sofá; llegó la noche y a duras penas pude alcanzar la habitación. Me encontraba fatal.

Al día siguiente, al despertarme, me di cuenta de que lucía un día precioso, uno de esos días de otoño que hacía muchos años que no veía (básicamente porque hacía muchos años que en otoño estaba de gira con el grupo). Me acerqué a la ventana y vi a los perretes esperando por su paseo mañanero. Yo me encontraba igual o peor que el día anterior, pero quería sacar a los perros, así que me dije a mí mismo:

«¡No hay cojones para salir de paseo!». Eso a un maño no se le puede decir, porque *ipso facto* lo hace. Me vestí como pude, agarré mi bastón y *pa'lante*, como los de Alicante. Encaramos la cuesta que lleva al monte y comenzamos a andar: a los cinco minutos ya no podía más. Me tumbé en un campo y entonces me pasó algo extraordinario: el sol despuntó por encima de una montaña y me dio en la cara, abrí los ojos y descubrí la belleza del otoño que tanto había añorado y que las giras me habían robado durante los últimos años. Tirado en medio del prado, cerré los ojos y me dejé llevar. El sol me calentaba, no se oía nada, solo el aliento de *Fideos*, que se había sentado a mi lado a modo de enfermero, por si acaso algo no iba bien. Olía a otoño. La imagen que hacía unos segundos había captado de esta estación invadía mi imaginación. Paz. Hacía mucho que no tenía esa sensación. Estaba solo conmigo mismo, tranquilo. ¡Qué momento tan estupendo! Dormí sobre la hierba del prado durante al menos una hora. Cuando desperté, *Bola* y *Fideos* seguían a mi lado, esperando a ver qué hacía. Me incorporé y sentado seguí admirando la belleza que ese otoño de 2015 me estaba ofreciendo. Era su regalo de bienvenida por haber regresado a él después de tantos años. Hacía mucho que no sentía semejante emoción. Luego regresamos a casa, preparé el almuerzo y después de comer volví al sofá, pero ya no estaba hecho polvo como antes, ni tirado. Me sentía bien, cansado pero muy bien.

Con el cáncer he vuelto a ser padre, hijo, hermano; me he reencontrado con mis amigos, a los que hacía lustros que no veía; he conocido a gente estupenda; he vuelto a componer; he estado tan cerca de la muerte que me he sentido más vivo que nunca. Gracias al «cangrejo» he vuelto a ser yo. Más que nunca sé lo que realmente me importa, como sé muy bien cómo voy a vivir la vida a partir de ahora. Mi paso por el cáncer ha sido un éxito, no porque me haya curado, pues aunque estoy limpio sigo teniendo el bicho, es porque el cáncer me ha dado momentos de gran felicidad, y como ya apuntaba en otro capítulo, la felicidad es la clave. El cáncer me ha puesto a prueba y he salido victorioso, porque a partir de ahora comienza una nueva etapa en mi vida, la mejor de todas. A los 50 empiezo de cero, y lo voy a aprovechar.

Humo

Ahora que empiezo de cero,
que el tiempo es humo,
que el tiempo es incierto.
Ahora que ya no me creo
que la vida sea un sueño.

Ahora que solo el ahora
es lo único que tengo.
Ahora que solo me queda
esperar a que llegue la hora.

Ahora que cada suspiro
es un soplo de vida robado a la muerte,
ahora que solo respiro
porque así podré volver a verte.

Ahora que ya no me importa
que la vida se vista de negro,
porque a nada le tengo miedo,
porque a nada le tengo fe.

Ahora que ya no me quiero,
que no me conozco, que abandoné.
Abrázame, mi amor, te lo ruego,
abrázame fuerte por última vez.

Ahora que ya nada espero,
ni siento, ni anhelo, ni nada me sé,
abrázame fuerte, amor, te lo ruego,
por si esta fuera la última vez.

Ahora que solo el ahora
es lo único que tengo.
Ahora que solo me queda
esperar a que llegue la hora.

Ahora que ya no me importa
que la vida se vista de negro,
porque a nada le tengo miedo,
porque a nada le tengo fe.

Ahora que empiezo de cero,
que el tiempo es humo,
que el tiempo es incierto,
abrázame fuerte, amor, te lo ruego,
por si esta fuera la última vez.

49.
MI CABEZA DA VUELTAS...

Cuando conocí a Miriam en Escalarre, en el Doctor Music Festival, en el verano de 1997, hacía un mes escaso que *La Flaca* había «explotado» en las radios. Aunque tocamos en un escenario pequeño, una preciosa carpa de circo, era nuestro primer gran festival, y yo estaba que no me lo creía. Llegamos un jueves por la noche y recuerdo que llovía, abrí la puerta de la furgo y en ese preciso instante empezaron a tocar los Rage Against the Machine. Fuimos directos al *backstage* y en un hueco que había montamos el campamento base, furgoneta con tienda anexa. ¡De superlujo! Estuvimos toda la noche de fiesta, totalmente anonadados por lo que para nosotros era como estar en Disneylandia: escenarios, bares, restaurantes, autocaravanas con artistas internacionales, miles de personas de buen rollo y con ganas de pasarlo bien... Un paraíso en el que encima nosotros íbamos a presentarnos en concierto. ¡Era nuestro primer gran festival!

Al día siguiente me desperté, saqué la cabeza por la cremallera de la tienda, agarré las muletas (tenía el pie roto) y me dispuse a ir a los baños. Como muchos sabéis, los baños de los festivales suelen ser casetas de plástico de un metro cuadrado puestas una al lado de otra. Vamos, que se ven. El asunto es que no sabía dónde estaban, así que busqué a alguien que me pudiera informar. Y ahí estaba Miriam, en la tienda de enfrente, de pie, como esperando a alguien, con sus *shorts* vaqueros deshilachados y sus Martins de color negro.

—Hola.

—Hola.

—¿Sabes dónde están los baños?

—Sigue por este pasillo y ya los verás al final.

—Vale, gracias.

A la vuelta ella seguía en la puerta de su tienda, así que empezamos a hablar. Como yo quería ducharme y al lado del *backstage* había un río estupendo, la invité a acompañarme, a lo cual accedió. Mientras me bañaba en el agua helada veía a Miriam sentada en una roca, calentándose al sol, y pensé en lo afortunado que era en ese momento. Llegar a Escalarre, ver a los Rage, despertar por la mañana y encontrarme a ese bombón en la puerta de la tienda.

¿Qué más? La cosa no podía empezar mejor. A la vuelta del río le dije que, si quería, nos podíamos ver por la noche justo delante del escenario de la carpa de circo.

—¿Delante del escenario de la carpa? No me creo nada. Seguro que no apareces —afirmó muy segura.

—¿Que no iré? —Le colgué en el cuello una cinta con las llaves de la furgoneta y le aseguré que nos veríamos por la noche.

El motivo de vernos en el escenario de la carpa era porque esa noche nosotros tocábamos allí, pero no caí en decírselo en ese momento. Total, que a la hora que habíamos quedado ella no se presentó. Nosotros tocábamos enseguida, así que no la pude esperar más y me fui al camerino a prepararme. Empezó el concierto y en el sexto tema la vi entre el público, pero marchándose. Y yo arriba y sin poder frenarla. Al día siguiente me explicó que se presentó delante del escenario y al no verme entre el público pensó que la había dejado colgada, así que se largó con un cabreo bastante importante. Fue ya saliendo del recinto cuando se giró, levantó la cabeza y nos vio tocando arriba en el escenario. ¡Todavía nos reímos ahora de la anécdota! Esa noche ya no coincidimos más, con lo cual, al no tener las llaves de la furgo (las llevaba Miriam colgadas del cuello), tuve que entrar como pude por una ventana para dormir en ella.

Al día siguiente escuché unos golpes en la ventanilla, abrí los ojos y ahí estaba la chica de las Martins negras, con una sonrisa de oreja a oreja y las llaves de la furgoneta en la mano. Ahora el cabreo lo tenía yo. En fin, arreglamos el asunto al segundo y durante esos días nos vimos unas cuantas veces más. Acabó el Doctor Music, nos dimos los teléfonos y quedamos en que nos llamaríamos.

Miriam me había gustado mucho, así que al cabo de un tiempo la llamé, quedamos y en breve empezamos a salir. En esa época, con apenas treinta años y Jarabe de Palo a todo gas, tampoco creo que fuera una buena idea tener al Pau Donés de novio, así que al cabo de un tiempo me dejó y perdimos el contacto.

Después de la primera operación de cáncer recibí una llamada. ¡Era ella, tras veinte años! ¡Qué ilusión! Me puse muy contento, hablamos un rato y le prometí que cuando me repusiera la invitaría a cenar.

—Ja, ja, ja. Hay cosas que no cambian —me soltó Miriam—, sé que no me vas a llamar, pero el intento no ha estado mal. ¡Que te conozco, bacalao! Cuídate mucho y surfea las olas.

¡Pero y tanto que lo hice! Después de llamarla por lo menos veinte veces, al fin me contestó y quedamos. Hacía muchísimo que no nos veíamos. Bueno, no tanto. Me recordó que habíamos coincidido en una fiesta que celebró Enrique Bunbury después de un concierto en Madrid. Yo no me acordaba de nada, ¿cómo es posible? Miriam me invitó a hacer un poco de memoria y entonces caí en que efectivamente nos vimos, pero no debía ir yo muy fino aquella noche, porque, como ya he comentado, ella era una chica que me gustaba mucho y me pareció imposible no acordarme de nuestro encuentro.

Pero volvamos a la cena. Quedamos en Barcelona y me senté en la escalinata de Correos a esperar a la hora que habíamos acordado. Ella llegó puntual en taxi y cuando bajó del automóvil flipé, pues con apenas veinte años era un bombón, pero es que ahora con cuarenta lo era mucho más. Llevaba el pelo largo, suelto, iba sin maquillar, con una camiseta blanca ceñida, con detalles azules y tachuelas, y unos vaqueros también ceñidos. Estaba guapísima. Nos dimos un abrazo largo, como los que se dan las personas que se quieren y hace mucho que no se ven. ¡Qué ilusión! Esta vez no me quería perder nada, pues la noche prometía, así que nos fuimos a cenar a uno de mis restaurantes favoritos de la ciudad, el Xiringuito Escribà, regentado por mi buen amigo Joan. Llegamos sin reserva, esperamos diez minutos y nos sentaron en una mesa con muy buenas vistas al mar. A mí las vistas me daban igual, para qué mentiros, porque iba a pasarme toda la noche mirando a mi acompañante. No quería perderme detalle. Pedimos la comida y una botellita de vino blanco, aunque para mí ahora es mejor no beber alcohol, pero este reencuentro era como para celebrarlo.

¡Lo que nos pudimos llegar a reír cenando y recordando el tiempo que compartimos juntos! Como siempre, yo hice gala de mi mala memoria, pero Miriam se acordaba de muchas cosas.

—¡Tú lo que eras es un bicho de mucho cuidado! —me soltó.

—Bueno, igual sí fui un poco cabroncete.

—¿Cabroncete? Un hijo de puta.

—Joder, ¿tanto? —me asombraba yo.

—¡Ja, ja, ja, ja! No sé si tanto, pero me las hiciste de todos los colores —insistía ella.

—Me sabe mal que digas eso, la verdad, Miriam, es que en esa época yo iba como una moto. Toda la movida de *La Flaca*, los viajes, la fama... Y con poco más de treinta años, te puedes imaginar. Creo que vivía tan deprisa que muchas veces ni me daba cuenta de lo que me estaba pasando. Perdóname si te ofendí en algo.

—Si no pasa nada, pero es que eras un elemento...

Y así pasamos la velada, recordando anécdotas de hacía veinte años y riéndonos de todo. ¡Qué lujo de noche, de compañía y de conversación! ¡Qué lujo de momento! Una de las cosas que tiene Miriam es la forma en que te mira. Tiene unos preciosos ojos rasgados, de un marrón muy intenso, como intensa es su mirada. Es de esas personas que te clavan la vista y no deja que apartes la tuya. En una de esas se me quedó mirando y me preguntó:

—¿En qué estás pensando, Pau?

—En que esta noche me gustaría que hiciéramos el amor. ¿Vendrás a casa a dormir?

—Tú estás *chalao*, ja, ja, ja. Pues claro que no. ¡Veo que sigues igual de jeta!

Yo sabía que en el fondo esa respuesta era un «es posible», porque otra de las cosas que tiene Mir es que es una mujer con carácter. ¡Vaya si lo tiene! No se corta un pelo, y si la cosa hubiera sido que no, ni risas, ni «eres un jeta», ni nada de nada, el «no» hubiera sido rotundo. Y un genio de los de agárrate que vienen curvas.

De postre pedimos una tarta sacher de chocolate para compartir. ¡No sabéis cómo está la tarta de chocolate del Escribà! Paseando por delante del mar nos fuimos a tomar una copita.

En el bar pedimos un *gintonis* para ella y un mezcalito para mí. Allí seguimos nuestra conversación, repasando nuestras vidas y otras cosas que ahora no recuerdo muy bien, porque lo único que quería desde el momento que cruzamos la puerta del Milk era darle un beso como los que nos dábamos veinte años atrás. No hizo falta, a la que me despisté ya me lo había dado ella. ¡Me encantó! La verdad es que durante toda la noche tuve la sensación de que nos habíamos visto el día anterior, como si nunca hubiéramos estado separados. Nos terminamos las copas, salimos del bar y sin mediar palabra nos cogimos de la mano y nos fuimos andando por la calle en dirección a mi casa.

La verdad es que hacía una noche estupenda. Entramos al piso por la terraza y Miriam se quedó apoyada en la barandilla, observando las estrellas que en ese momento brillaban de una forma muy especial. Yo me fui al dormitorio, me desnudé (hacía mucho calor) y puse algo de música. Al rato entró ella y me preguntó por el baño. Le indiqué dónde era y me quedé tumbado en la cama, pensando en lo bien que lo habíamos pasado en la cena. Cuando salió del baño ella también estaba desnuda, llevaba el pelo recogido y una toalla morada colgando de su cintura. ¡Buffff! ¡Qué momento! ¡Qué mujer tan estupenda! Definitivamente, los años le habían sentado de lujo. Se acercó a la cama y se acostó a mi lado. La besé y empezamos a hacer el amor; acerqué mi boca a su cuello y comenzó a reír. No recordaba que eso le hacía cosquillas, como tampoco recordaba que tuviera unos pechos tan hermosos. En cambio, ella sí recordaba cómo tocarme. A Miriam le gustaba mandar, cosa que tampoco recordaba, pero que a mí me enloquecía. Me apartó y me dijo que me recostara boca arriba y así lo hice. Enredó sus piernas a las mías y literalmente se pegó a mi cuerpo. Nos abrazamos muy fuerte e hicimos el amor, muy apretados. Hacía calor y sudamos mucho. Fue maravilloso, muy intenso, seguro que de las mejores veces de las que nos habíamos amado nunca.

Al terminar nos quedamos en la cama, abrazados, y al rato empecé a besarla otra vez.

—No lo hagas por mí. Estoy bien, muy satisfecha —dijo ella.

—No lo hago por ti, lo hago por los dos.

Y nos amamos de nuevo, de la misma forma; volvió a ser hermoso. Nos quedamos dormidos, abrazados como se abrazan dos personas que se quieren y hace mucho que no se ven. Cuando desperté, Miriam estaba de pie y ya vestida. Le pregunté que por qué no se quedaba, pero ella no respondió. La acompañé a la calle, paró un taxi, me dio un beso y se subió. Antes de arrancar bajó la ventanilla, me sonrió y me dijo:

—Nos veremos pronto, espero que antes de que pasen otros veinte años. —Me guiñó el ojo y se marchó.

Han pasado dos días. Esta tarde me he montado en el *caracol* (la furgoneta) y he subido una vez más a la montaña. Me he parado en un sitio espectacular, en la falda del Maubèrme. Por la ventanilla veo las estrellas, que hoy brillan muy fuerte. Mirando al cielo he pensado que no quiero olvidar ni un solo segundo de lo que pasó la otra noche con Miriam. Por eso escribo estas líneas. Fue muy bonito, estupendo, mágico.

La otra noche, la del lunes 25 de julio de 2016, nos hicimos muy felices, sabiendo que los dos llevábamos la muerte encima.

Me asomo a la ventana eres la chica de ayer,
demasiado tarde para comprender,
mi cabeza da vueltas persiguiéndote.

Fragmento de *Chica de ayer*, de Antonio Vega

50.
50 PALOS (Y SIGO SOÑANDO)

Seguramente en otras circunstancias habría empezado este último capítulo de otra manera, pero dado que la cosa va de futuro, creo relevante hacer un pequeño inciso:

50 PALOS (PARTE 1)

Hace justo un año me diagnosticaban un cáncer de colon. En diez días me iban a operar por primera vez, y de todo eso quien más quien menos ya sabe la historia. Del 14 de agosto de 2015 al mismo día de 2016 hay una diferencia abismal, tan grande como un tumor de siete centímetros en el intestino grueso y otros más pequeños en el hígado. Entonces los llevaba encima, hoy no tengo ninguno. Ya he comentado en otras ocasiones que no tener tumores no es lo mismo que estar curado. Hoy ni tengo tumores ni estoy curado, pero lo mejor es que el «cangrejo» no se ha reproducido y eso, cuando se habla de cáncer, es una muy buena noticia.

Ahora que ha pasado un año creo que es buen momento para contaros un poco más. El tumor que me sacaron del colon era del tipo BRAF mutado, el cual solo padecemos de un 5 % a un 8 % de los enfermos de cáncer de colon. El BRAF mutado es un tumor de mal pronóstico, con solo un 20 % de probabilidades de «curación». *A posteriori* se descubrió que se trataba de un BRAF mutado *outlier*, que todavía es más raro y de pronóstico más complicado si cabe.

O sea, que desde el principio pintaban bastos. Pero hoy por hoy estoy limpio, y ese es un detalle importante porque está directamente relacionado con la esperanza de vida. En el peor de los casos, es decir, si después de las operaciones y de la quimioterapia hubieran reaparecido los tumores, cosa que era probable, me quedarían cinco años de vida (hoy serían cuatro), pero como después de un año, y contra todo pronóstico, estoy bien, la esperanza de vida se alarga de forma considerable, casi diría que exponencialmente. Y cuanto más tiempo esté limpio significará que el tiempo que voy a pasar por aquí será mayor.

Para los que padecemos cáncer los días, los minutos y los segundos cuentan. Cuentan mucho, porque cada minuto que pasa es un minuto ganado a la muerte, y esa es una buenísima noticia teniendo en cuenta que nosotros, los del «club del cangrejo», de buenas noticias no vamos precisamente lo que se dice sobrados. Concluyendo, que con veinte años más me conformo, aunque sé que cuando cumpla setenta pensaré que por qué no pedí diez más. ¡Qué cojones, me pido treinta años! ¡En esto de vivir hay que ser ambicioso!

50 PALOS (PARTE 2)

Aunque los primeros cincuenta años han sido estupendos, vuelvo a empezar de cero. Me gusta verlo así. La escala de valores que rige mi vida ha cambiado en este momento ostensiblemente y, como ya he comentado en alguno de los capítulos, no estoy para perder el tiempo. Empiezo de nuevo, con la misma actitud y las mismas ganas de siempre, pero intentaré cambiar la velocidad y la intensidad con la que he venido viviendo hasta el momento.

Le voy a quitar un par de marchas a este bólido que conduzco: la cuarta y la quinta. Ya no quiero (ni puedo) ir tan deprisa. La prisa mata, y las cosas de la vida cuando mejor saben es cuando se saborean despacito. En cuanto a la intensidad, pues *a full*, ni un segundo de tedio, ni un espacio para la rutina. Si tengo que elegir una ruta, será la que tenga más curvas, más subidas y bajadas y, cómo no, el mejor paisaje; si tengo que subir a una montaña, voy a buscar la más alta, la que cuando llegue arriba tenga mejores vistas; cuando tenga que salir a la mar, esperaré en puerto hasta que el viento arrecie y la mar se crezca, para sentir cómo el barco planea firme sobre las encabronadas olas.

Y voy a seguir soñando, como he soñado a lo largo de toda la vida, porque los sueños son mi alimento y aún tengo un montón de ellos por perseguir.

En lo personal, no tengo grandes cambios a la vista. Seguiré con mis cagadas, mis aciertos, mis idas de olla, mis ideas de bombero, mis pensamientos excéntricos y mis teorías inverosímiles, algunas de las cuales os he expuesto tan gustosamente en este libro. Pienso seguir liándola, enredando con lo mío, aunque a otro ritmo. En el amor voy a seguir siendo un kamikaze; en el sexo, un aprendiz, y con mis emociones, un desequilibrado. En la vida un osado, valiente cuando se tercie y temeroso las menos de las veces. Un buen padre, un buen hermano, un buen hijo, un buen amigo de mis amigos. En resumidas cuentas, voy a seguir siendo el Pau Donés Cirera de siempre, porque hasta la fecha creo haber sido por lo menos una buena persona, y eso no lo voy a cambiar.

En cuanto a lo profesional, estaba entre *colgar los guantes* y tomarme unas largas vacaciones o volver a los escenarios, que es lo único que se me da bien. Tampoco tenía claro si dedicar el tiempo que me quede a mí o a la música. Ahora ya lo sé, retornaré a los escenarios y he decidido que la mayor parte de mi tiempo os lo dedicaré a vosotros, porque os lo merecéis mucho más que yo. Os quiero, y os quiero dar las gracias por haberme dado la oportunidad de ser lo que soy y deciros que el tiempo que hemos compartido ha valido muchísimo la pena.

50 PALOS (PARTE 3)

El pasado 2016 cumplí cincuenta años, o lo que es lo mismo, 50 palos, de los cuales veinte a medias con vosotros, y creo tener motivos más que suficientes para celebrarlo. Además de este libro, que espero os haya entretenido, en este último año nos hemos dedicado a destrozar nuestras propias canciones para luego reconstruirlas aprovechando los miles de pedacitos que quedaron por el suelo. Debido a esta circunstancia, *50 palos* es también un disco doble (veinte años de Jarabe han dado para mucho) y un espectáculo que esperamos poder compartir en algún momento de nuestra próxima gira.

Tengo ganas de hacer muchas cosas. No me gustaría irme teniendo la sensación de que me quedé corto, pero está claro que la música va a seguir ocupando gran parte de mi tiempo y, mientras pueda, no pienso perder la oportunidad de subirme al escenario.

Ya he disfrutado de la mitad de mi vida y me dispongo a ir a por lo que me queda. A tope, sin medias tintas, hasta que el cuerpo aguante. Y el día que no aguante…, adiós muy buenas y que me quiten lo *bailao*.

… O mejor, que no me lo quiten.

Mucho más, mucho mejor

Tengo un montón de preguntas que hacer,
unos cuantos octubres, los mismos que primaveras,
un saco de problemas que no pienso resolver,
leyes y reglas que algún día aprenderé.

Tengo una legión de asignaturas pendientes,
que cada mes de septiembre vuelvo a suspender,
miles de nuevos paisajes que no me quiero perder
y otros tantos lugares que quiero conocer.

Es mejor si lo que me pasa me pasa contigo.
Es mejor, mucho más, mucho mejor, más divertido.

Tengo un montón de arrugas por reír,
unas cuantas promesas que cumplir, voy a cumplir,
cientos de vidas pasadas, no sé cuántas por vivir,
pocos buenos amigos y alguno que perdí.
36 grados y medio debajo de la piel,
muchas puertas por abrir, muchas otras que cerré.
Un cajón lleno de cartas de amor sin remitente,
tantas como canciones un día te regalé.

Es mejor si lo que me pasa me pasa contigo.
Es mejor, mucho más, mucho mejor, más divertido.

Es mejor si estoy contigo,
me va la vida mejor.
Contigo todo tranquilo,
más feliz, mucho mejor.
Más feliz y entretenido,
más feliz mi corazón
pasa la vida contigo,
más feliz, mucho mejor,
mucho mejor.

Más feliz, mucho mejor.
Más feliz, mucho mejor.

Más feliz contigo,
más feliz mi corazón
pasa la vida contigo
más feliz, mucho mejor,
mucho mejor.

AGRADECIMIENTOS

A toda la gente que tan generosamente ha compartido algún momento de sus vidas conmigo, porque con su compañía me han hecho una persona muy afortunada.

A mi profesor de Literatura Castellana, Jordi Sistacs, porque, a pesar de tener un alumno disléxico, me metió en el cuerpo el gusanillo de la literatura. Si hoy escribo canciones es definitivamente gracias a él.

A Mercedes Castro, la editora de la que partió la idea de escribir este libro. Gracias, Mercedes, porque sin tu tenacidad y perseverancia nunca me hubiera atrevido a hacerlo.